环境约束视角下中国服务业双向 FDI 的生产率效应研究

滕泽伟　著

中国财经出版传媒集团

经济科学出版社
Economic Science Press

图书在版编目（CIP）数据

环境约束视角下中国服务业双向 FDI 的生产率效应研究/
滕泽伟著 . —北京：经济科学出版社，2019. 9
ISBN 978 - 7 - 5218 - 0791 - 2

Ⅰ . ①环⋯　Ⅱ . ①滕⋯　Ⅲ . ①服务业 - 外商直接投资 -
研究 - 中国　Ⅳ . ①F726. 9

中国版本图书馆 CIP 数据核字（2019）第 183252 号

责任编辑：孙怡虹　赵　岩
责任校对：杨　海
责任印制：李　鹏

环境约束视角下中国服务业双向 FDI 的生产率效应研究

滕泽伟　著

经济科学出版社出版、发行　新华书店经销
社址：北京市海淀区阜成路甲 28 号　邮编：100142
总编部电话：010 - 88191217　发行部电话：010 - 88191522
网址：www. esp. com. cn
电子邮件：esp@ esp. com. cn
天猫网店：经济科学出版社旗舰店
网址：http：//jjkxcbs. tmall. com
北京季蜂印刷有限公司印装
710 × 1000　16 开　12 印张　190000 字
2019 年 10 月第 1 版　2019 年 10 月第 1 次印刷
ISBN 978 - 7 - 5218 - 0791 - 2　定价：59. 00 元
（图书出现印装问题，本社负责调换。电话：010 - 88191510）
（版权所有　侵权必究　打击盗版　举报热线：010 - 88191661
QQ：2242791300　营销中心电话：010 - 88191537
电子邮箱：dbts@ esp. com. cn）

摘　要

　　双向外商直接投资（Foreign Direct Investment，FDI）已成为经济全球化背景下多数国家参与国际分工、跨境配置资源、提升产业国际竞争力的重要战略选择，而全球经济服务化的趋势更是确立了服务业在国际直接投资中的主体地位。事实上，相关统计数据也表明服务业全球化趋势日益凸显，国际直接投资正在加速向服务业倾斜。因此，关于 FDI 对服务业生产率的影响研究逐渐成为学者们关注的重点领域之一。遗憾的是，目前对服务业 FDI 生产率效应的研究都仅限于单维视角的研究，要么研究服务业利用外资的生产率效应，要么研究服务业对外投资的生产率效应，且都集中于服务业 FDI 对经济总体或工业（制造业）生产率的影响，得出的研究结论也不尽一致。特别是当前对服务业全要素生产率的测算基本都忽视了环境这一重要因素，这不但有可能高估服务业发展的真实绩效，而且对相关政策建议的制定也可能产生错误的引导方向。鉴于此，本书将环境因素纳入服务业生产率研究体系，并以服务业双向 FDI 的互动发展为前提，从服务业 FDI 流动的双维视角探析其生产率效应，以期从环境约束视角揭示中国服务业双向 FDI 的生产率效应。

　　本书首先对中国服务业双向 FDI 的互动发展现状进行了考察分析。结果发现，我国双向 FDI 的区域分布极不均衡，特别是对欧洲各国的双向 FDI 规模和比重都较小；服务业双向投资发展速度整体上存在严重的不均衡，投资结构有待完善；服务业双向 FDI 占全球服务业 FDI 总额的比重偏低，相对于发达国家来说规模较小；服务业对外投资与利用外资的比例更是远远落后于发达国家，投资结构也不尽合理，行业分布过于集中。因果关系检验发现，服务业利用外资短期内就可以促进对外投资，但对外投资可能要在长期内才会带动利用外资。

在理论层面上，本书构建数理模型对服务业双向 FDI 的生产率效应进行了理论研究，结果表明：服务业内向 FDI 降低了东道国企业生产服务产品的边际生产成本，可以通过行业内要素重组（资源再配置效应）推动服务业生产率水平的提高；服务业通过对外直接投资在东道国进行服务产品的生产，无论该产品是用于东道国市场消费还是第三方国家市场消费，都可以推动服务业生产率水平的提高（学习效应）。服务业利用外资通过技术溢出效应为对外直接投资提供条件，增强了东道国服务业对外直接投资决策的"自我选择能力"；同时，服务业对外直接投资能力的提高也可以提升一国的外债承受能力，增强本国经济实力，吸引更多的服务业外资流入。鉴于此，我们认为服务业双向 FDI 发展的互动机理可以概括为：服务业内向 FDI→服务业生产率提升→自我选择效应→服务业外向 FDI 能力提高→投资学习效应→服务业生产率提升→增强了一国的整体经济实力和综合国力→吸引更多服务业外资的进入。另外，本书对服务业 FDI 影响环境的理论机制也进行了研究，认为服务业 FDI 对环境污染的影响效应取决于规模效应、结构效应和技术效应的综合作用结果，三个效应相互作用、相互联系、相互影响，共同决定着服务业 FDI 对环境污染的影响作用。

在实证层面上，首先，基于中国服务业的区域和行业面板数据，对环境约束下我国各地区和各细分行业的服务业生产率变动进行了再测算，并与未考虑环境因素的结果进行对比，进而运用趋同理论检验收敛性。结果表明，服务业全要素生产率（Total Factor Productivity，TFP）、技术效率及技术进步增长率不但存在明显的区域差异，而且存在较大的行业异质性，未考虑环境因素的传统测算方法高估了服务业 TFP 增长率；服务业发展过程中表现出的粗放型增长特点依然明显，带来的环境污染问题也日益严峻，我国服务业增长还未真正实现由粗放型向集约型方式的转变；服务业 TFP 增长没有随时间的推移呈现逐渐缩小的趋势，区域和行业差距正在逐渐扩大。其次，基于数理模型和前期文献的经验模型设定，采用中国服务业分行业面板数据，针对服务业双向 FDI 的生产率效应进行了实证研究，从实证方面证实了服务业利用外资通过资源再配置效应对服务业整体生产率的提升作用以及服务业对外投资通过学习效应对服务业生产率的逆向技术溢出作用。最后，进一步对环境约束下我国服务业双向 FDI 的生产率效应进行了经验考察，结果发现，服务业利用外资对环境约束下的服务业全要素生产率提升不存在显著影响，"污染天堂假说"和"污染光环假说"在我国服务业利用外资中并不存在；而服务业对外投资则存在显著的负向影响，表明我国服务业污染密集型产业以对外直接投资方式向国外转移的难度较大，并且不一定必然带来节能减排效应。

上述结论不仅有助于我们更为正确地看待环境约束下服务业发展的真实绩效，而且对于一国政府和企业在服务经济背景下服务业发展水平的提升和推动服务业"请进来"与"走出去"双向战略的选择以及制定资源、环境与服务业协同发展的可持续发展政策都有着重要的现实意义。

Contents

目录

第1章
绪　论

1.1　选题背景及意义

1.1.1　选题背景

随着经济全球化的飞速发展，发达国家由工业化社会向信息化社会转变，国际分工协作不断深化，服务全球化趋势日益凸显，外商直接投资（Foreign Direct Investment，FDI）的投资领域开始向服务业倾斜。依据国民经济和社会发展统计公报显示，中国服务业内向外商直接投资（Inward Foreign Direct Investment，IFDI）占 IFDI 总额的比重在 2011 年首次超过了50%，2013 年达到了 56.3%；中国服务业外向外商直接投资（Outward Foreign Direct Investment，OFDI）占 OFDI 总额的比重近年来都维持在 65% 左右的高水平（2013 年为 64%）。与此相对应，关于 FDI 对服务业发展的影响（主要是 FDI 的技术溢出效应研究）逐渐成为学者们研究的重点领域之一。到目前为止，对服务业 FDI 生产率效应的研究都仅限于单维视角的研究（要么研究服务业利用外资的生产率效应，要么研究服务业对外投资的生产率效应），且都集中于服务业 FDI 对整个经济总体或工业（制造业）生产率的影响，所得出的研究结论也不尽一致。遗憾的是，我们还未见有文献对服务业 FDI 流入、流出以及两者间互动与服务业部门本身生产率的关系进行专门研究。

内生经济增长理论表明，生产率或技术进步才是经济发展的主要推动力，服务业生产率已经在一国总生产率增长中发挥着至关重要的作用（Hoekman and Mattoo，2012；Verma，2012），所以服务业生产率的提升才是服务业发展的要旨所在。早期对于服务业全要素生产率的研究都仅考虑了资本、劳动等生产投入要素，到目前为止对于服务业全要素生产率的测算几乎都没有考虑服务业部门的环境污染问题，但当前服务业快速发展背后所隐藏的环境问题已不容忽视（庞瑞芝等，2014）[①]。资源节约和环境约束已成为经济发展的刚性约束，向资源节约型和环境友好型的新型增长模式转变已不单纯是工业部门面临和解决的任务，服务业发展也需遵循资源节约型和环境友好型的可持续发展原则，以响应国家转型发展的重大战略号召。今后无论是农业、工业还是服务业发展，都面临严格的节能减排要求，所以中国服务业在追求快速发展的同时，还需兼顾资源和环境的承受能力，以实现资源节约、环境保护和服务业发展的可持续增长模式。对于中国服务业而言，全要素生产率（Total Factor Productivity，TFP）测算如果不将服务业发展过程中产生的服务业环境污染包含在内，则有可能高估服务业发展的真实绩效，制定的相关政策建议也可能会产生错误的指导方向。因此，从资源和环境的双重约束视角出发重新审视和评价中国的服务业生产率水平，就显得十分重要和迫切。

可见，尽管改革开放以来中国服务业取得了较快发展，但"高投入、高消耗、高污染、低效益"的增长模式并没有发生实质性转变。服务业增长与资源节约、环境保护的可持续发展研究就成为当前需要重新思考的一个重要课题。本书将环境因素纳入服务业生产率研究框架，对环境约束下的服务业生产率进行重新测算，并与未考虑环境因素的服务业生产率进行

[①] 服务业增加值每增加 1%，服务业碳排放相应的增加 1%，据测算，2012 年中国农业、工业和服务业碳排放量分别为 0.23 亿吨、21.79 亿吨和 2.86 亿吨，占中国整体碳排放量的比重分别为 0.93%、87.19% 和 11.43%。

对比分析，阐释纳入环境因素后产生差异的特征性事实以及差异产生的原因。并以服务业双向 FDI 的互动发展为前提，从服务业 FDI 流动的双维视角探析其生产率效应，以期从环境约束视角揭示中国服务业双向 FDI 的生产率效应。

1.1.2 研究意义

（1）理论意义。当前学术界认为 FDI 生产率溢出主要通过竞争效应（Kokko，1996）、示范模仿效应（Hale and Long，2006）、人员培训流动效应（袁诚等，2005）、前后向关联效应（王昆等，2011）机制产生，本书将结合服务产品的特性，从行业内资源再配置效应和对外直接投资学习效应两方面构建服务业 FDI 流入（流出）的生产率溢出效应理论框架。并从生产率视角，研究服务业双向 FDI 的共生互动机理（单向因果关系不能解释至少有一国率先出现 FDI 流出却没有 FDI 流入的现象），寻求产业层面双向 FDI 一体化发展及其效应的理论依据。一方面是对当前双向 FDI 互动发展的系统性理论解释，另一方面可以丰富现有的生产率溢出效应理论体系。

（2）现实意义。中国服务业 FDI 流入和流出规模在金融危机之后再次呈现出强劲的上涨势头，对于服务业 FDI 的生产率溢出效应（包括服务业对外直接投资的逆向生产率溢出效应）研究成为众多学者的一大研究课题。但就当前而言关于服务业 FDI 的生产率溢出效应还未有一致结论，且都未考虑环境因素对服务业生产率增长的影响。因此，本书基于环境约束视角，系统考察服务业 FDI 流入和流出的生产率溢出效应，不仅对合理评价和分析环境约束下我国服务业增长状况具有很强的实践意义，更有助于我们正确地看待环境约束下服务业发展的真实绩效，而且对于一国政府和企业在服务经济背景下服务业发展水平的提升和推动服务业"请进来"与"走出去"双向战略的选择以及制定资源、环境与服务业协同发展的可持续发展政策等都有着重要的现实意义。

1.2　研究目标及方法

1.2.1　研究目标

关于全要素生产率（TFP）测度、FDI 的生产率效应、FDI 的环境效应等问题，国内外学者都进行了较为丰富细致的探索分析，也得出了众多有意义的研究成果，但关于服务业 FDI 的生产率溢出效应目前还未有一致结论。且当前很多国家不仅直接吸收利用外资，更是进行对外直接投资活动，目前还很少有文献对服务业 FDI 流入、流出以及两者间互动对服务业部门自身生产率的关系进行专门研究。从已有文献来看，目前的国内外研究成果已较为丰富，但仍存在一定的不足，主要有：

（1）已有文献对服务业全要素生产率的研究都仅仅局限于资本、劳动等生产投入要素，将环境因素纳入服务业生产率研究框架的文献非常之少，可以说几乎都没有考虑服务业部门的环境污染问题（庞瑞芝等，2014）。

（2）在全球 FDI 重心偏向服务部门、全球服务经济兴起的大背景下，研究服务业 FDI 的技术溢出效应已成为当前的热门课题。但综合已有文献来看，对服务业 FDI 生产率溢出效应的研究都集中于其对工业（制造业）或整体行业生产率的影响，较少有文献涉及服务业 FDI 对其自身生产率溢出的研究。

（3）目前文献主要是从 FDI 流动的单维视角来研究其生产率效应，即要么研究利用外资的生产率效应，要么研究对外直接投资的逆向生产率溢出效应，缺乏从双向 FDI 的二维层面探析其生产率的综合效应。

（4）目前文献对服务业生产率的研究主要采用省级层面数据，而省区数据来源的可靠性的限制和各省区发展差异较大可能导致理论假定不符合经济实践，因此有必要采用分行业面板数据对生产率进行研究分析（姚战琪，2009）。

鉴于以上不足，本书将环境因素纳入服务业生产率研究框架，以服务业双向 FDI 互动发展为前提，对中国服务业双向 FDI 的生产率溢出效应进行研究分析，主要目标是为了回答以下几个问题：

（1）环境约束下的服务业生产率是高还是低，服务业各细分行业是否存在差异？传统的全要素生产率测算能否反映中国服务业发展的真实绩效，与传统全要素生产率相比，加入环境因素后的全要素生产率（TFP）低估还是高估了中国服务业的发展绩效水平？

（2）当前学者们对 FDI 究竟具有"污染避难所"效应还是"污染光环"效应并没有一致定论，那么服务业双向 FDI 的环境效应如何？服务业利用外资和对外投资是加剧还是改善了中国的环境污染问题？服务业发展是否遵循"环境库兹涅茨曲线假说"？环境约束视角下中国服务业 FDI 流入、流出对生产率溢出效应的影响如何？

（3）中国服务业双向 FDI 的互动发展现状如何？两者之间是否存在必然的因果联系？两者之间互动发展的机理何在？既利用外资又对外投资的服务企业能否促进其自身生产率的提升？

1.2.2 研究方法

（1）比较分析法。本书用到比较分析法的地方较多，主要体现在：对中国双向 FDI 流动的跨国比较研究以及中国服务业 FDI 流入流出的行业分布状况比较研究；对中国服务业传统全要素生产率和环境约束下全要素生产率的比较分析；对服务业双向 FDI 的生产率效应比较分析（服务业双向 FDI 与传统全要素生产率和服务业双向 FDI 与环境全要素生产率）。

（2）理论分析与实证分析相结合的方法。先是构建数理模型对服务业 FDI 流入流出的生产率溢出效应（分别从行业内资源再配置效应和对外直接投资学习效应展开）进行理论分析，并对服务业 FDI 影响环境的理论机制进行初步探析，进而提出相应理论假说，在此基础上，采取中国服务业分行业面板数据，验证所提出的相应理论假说。

（3）数学规划和计量经济相结合的方法。在测算中国服务业的全要素生产率及其分解时，主要用到了非参数方法中的数据包络分析方法（DEA）。借鉴林毅夫等（2003）、王恕立等（2012）的研究思路，为了避免技术退步结果的出现，对传统服务业 TFP 和环境约束下服务业 TFP 的测算都采用了序列 DEA-Malmquist 生产率指数法。在此基础上，运用计量经济学的相关方法，对环境约束下中国服务业双向 FDI 的生产率效应进行经验考察。

1.3　研究内容与技术路线

1.3.1　研究内容

本书结合前期文献的研究成果，首先将环境因素纳入服务业生产率研究体系，对环境约束下的服务业 TFP 进行再测算；其次构建数理模型，分别对服务业双向 FDI 的行业内再配置效应和投资学习效应进行分析，进而采用中国服务业分行业面板数据从服务业双向 FDI 的二维层面探析其生产率的综合效应；最后提出相应的对策建议。因此，本书的研究内容可以划分为如下八个部分。

第 1 章：绪论。从全球经济服务化和服务业增长与资源节约、环境保护的可持续发展背景出发，简要说明本书的研究意义、研究目标、研究方法、研究内容以及本书研究的技术路线。

第 2 章：理论基础及文献综述。对目前相关的经济增长理论进行简要阐述，并对已有文献的研究内容和成果进行梳理，主要包括服务业生产率测度、服务业双向 FDI（利用外资和对外投资）的生产率效应、外商直接投资的环境效应以及环境约束下的经济增长，最后是简要性评述。

第 3 章：中国服务业双向 FDI 互动发展现状分析。首先从中国整体层面的双向 FDI 流动出发，分析中国双向 FDI 规模在全球和发展中国家所占的比重，了解中国双向 FDI 流动的行业分布情况；其次对中国服务业双向 FDI 流动的行业匹配度进行分析，了解中国服务业利用外资规模和对外投资规模的匹配程度（利用外资和对外投资的均衡状况）；最后对中国服务业双向 FDI 的因果关系进行考察，探析服务业利用外资和对外投资的因果关系。

第 4 章：服务业双向 FDI 的生产率效应：理论模型。构建理论模型解释服务业双向 FDI 的生产率效应（资源再配置效应和投资学习效应），并从生产率角度对服务业利用外资与对外直接投资的互动机理（单向因果关系无法解释至少有一国率先出现 FDI 流出却没有 FDI 流入的现象）进行阐释。

第 5 章：服务业 FDI 影响环境的理论机制分析。依据盛斌等（2012）的相关研究成果，对服务业 FDI 影响环境的理论机制进行了剖析研究，将服务业 FDI 对环境污染的影响效应分为规模效应、结构效应和技术效应，三个效应相互作用、相互联系、相互影响，共同决定着服务业 FDI 对环境污染的影响作用。

第 6 章：环境约束下中国服务业生产率测度及考察。将环境因素纳入生产率研究体系，运用 Malmquist-Luenberger 指数法，采用中国 2000～2012 年的服务业省级面板和 2004～2012 年的服务业行业面板数据，对中国的 31 个省份（不含港澳台地区数据）和 13 个细分行业环境约束下的服务业生产率变动情况进行了再测算，并与不考虑环境因素的服务业生产率进行对比分析，阐述了纳入环境因素后产生差异的特征性事实以及差异产生的原因。并且对环境约束下的中国服务业全要素生产率进行了收敛性检验，以便更加全面、动态地反映环境约束下中国服务业生产率差异的演进轨迹和趋势特征。

第 7 章：服务业双向 FDI 的生产率效应：中国的经验证据。构建计量经济模型，采用中国服务业分行业面板数据，首先对服务业内向 FDI 的行业内再配置效应和外向 FDI 的对外投资学习效应进行实证检验，接着对环境约束下中国服务业双向 FDI 的生产率效应进行经验考察，通过实证分析检验中国服务业 FDI 到底是具有"污染避难所"效应还是"污染光环"效应，服务业利用外资和对外投资是加剧还是改善了中国的环境污染问题，并检验了中国服务业发展的环境库兹涅茨曲线的存在性。

第 8 章：全书总结及研究展望。对本书的研究结论进行总结性的阐述，然后结合中国现实状况（内外向 FDI）给出相关政策建议，在此基础上指出本书的创新点以及今后的研究工作展望。

1.3.2 研究的技术路线

依据本书 1.3.1 对研究内容的阐述，本书的技术路线可以用图 1 – 1 表示。

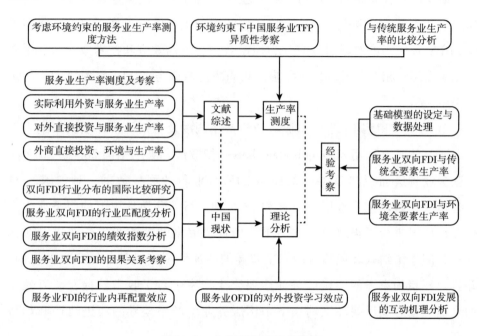

图 1 – 1 本书研究的技术路线

第 2 章
理论基础及文献综述

2.1　经济增长理论

早期的经济学家通常将经济增长与经济发展相等同，实质上二者之间确实存在非常紧密的关系，但又不尽相同。从宏观经济学的角度来看，经济增长是一个"量"的概念，通常是指产量的增加，而经济发展却是一个"质"的概念，涵盖了经济增长，也包括居民生活质量的改善、产业结构的升级以及制度结构的改进等。经济增长理论主要是为了回答经济为什么增长，经济增长的动因和源泉是什么，早期的研究对象主要为发达的工业化国家，后期主要集中于经济不发达或经济落后的发展中国家。20 世纪 80 年代以来，发展中国家为了促进工业化进程加快经济发展的步伐，衍生出了人口极度膨胀、资源损耗严重、环境状况恶化等一系列问题，既不利于发展中国家经济的发展，也严重损害了人们的生活质量和生活环境。资源约束和环境保护已经成为经济发展的刚性约束，不尽快寻求一条适合资源、环境与经济增长协调可持续发展的道路，资源和环境承受能力就会达到极限，造成的后果也会难以估量。从而经济增长理论又上升到了一个新层次—可持续发展理论。可持续发展理论的提出，使人们深刻认识到了资源、环境在经济发展中至关重要的作用，"资源节约型和环境友好型"可持续发展战略的提出就成为一种必然。

2.1.1 经济增长理论的演变

经济增长是指一国在一定时期内产出的增加，一般用国内生产总值来衡量，反映了一国经济的发展程度，是衡量一国经济发展速度和经济发展规模的准绳。库兹涅茨曾经说过当一个国家的技术改进和制度演变可以为消费者提供愈来愈多可供选择的商品时，就表示这个国家的经济相应增长了。斯密（1776）最先论述了经济增长问题，并指出经济增长取决于资本积累、劳动分工和技术进步，并特意强调劳动分工的重要性。马尔萨斯（1978）将经济增长与人口增长联系在一起，认为经济增长受限于人口增长，要保证经济增长，就须限制人口增长，人口增长的比例要适中落后于经济增长，而其却正好忽略了技术进步和劳动生产率的提高。李嘉图（1817）强调利润对经济增长的影响，而由于土地、资本和劳动等生产投入要素存在边际报酬递减现象，从而导致长期经济增长的停止，也就是说长期的经济增长是不存在的。

哈罗德（1939）和多马（1946）率先用定量的方法研究经济增长，创立了哈罗德—多马经济增长模型，并指出经济增长取决于储蓄率和资本产出比，但忽视了其他因素对经济增长的影响。哈罗德—多马模型假定只生产一种产品，只有劳动和资本两种生产投入要素（两种要素不能互相替代），并假定人口增长率是固定的，不存在技术进步，规模报酬也是不变的。如此一国经济增长的决定因素就在于储蓄率（全社会投资水平）和资本产出比（反映产出效率），只要采取相应的引进外资储蓄政策，通过投资和储蓄相等，就可以实现经济的长期稳定增长，但这显然是不行的，与现实不符。经济增长的周期性波动难以避免，哈罗德—多马模型的经济增长也就难以稳定，这种经济增长的稳定状态是难以实现的（模型中均衡稳定增长的前提是要实现充分就业），因此也被称之为"刀锋上的均衡"。此外哈罗德—多马模型中的经济增长率由外生变量（人口自然增长率）所决定，如果人口增长停止，经济增长也就不会存在。虽然哈罗德—多马模型存在一定的局限性，但其是运用数理方法研究经济增长理论的开端，为今后的经济增长模型内生化打下了基调，所以在以后的经济增长理论研究中，如何将技术进步、人口增长率、储蓄率、资本产出比等变量内生化就成了诸多学者们研究的重点方向。

索洛（1956）和斯旺（1956）引入了外生的技术进步，并假定资本和劳动生产要素是可以相互替代的，提出了新古典经济增长模型。再者模型还假定是完全竞争的经济，如此劳动的边际生产率就和工资等同，资本的边际生产率就和利润等同，两种生产要素都可以得到充分合理的配置和利用。最终经济增长模型可以表示为：$G_y = \alpha G_L + (1 - \alpha) G_K$，经济增长的源泉在于外生的技术进步和要素供给。即资本增长率、劳动增长率、劳动和资本要素投入在产量增长中的相对作用程度、技术进步都会影响经济增长。该模型强调外生技术进步在经济增长过程中的重要性，并且也得到了相应的经验支持，如索洛（1957）、丹尼逊（1985）等。该模型一方面肯定了技术进步在经济增长过程中的决定性作用，另一方面又将技术进步外生化，将其排除在经济增长理论范围之外，无法解释没有外生技术进步情况下的长期经济增长，所以也缺乏对经济长期持续增长的源泉的解释。拉姆齐（1928）使用数学模型推导出了每个时点上的最优储蓄，提出了最优消费理论，紧接着卡斯（1965）和库普曼斯（1965）把这一理论引入了经济增长模型，将储蓄率内生化，但这同样无法解释经济长期持续增长的源泉，经济增长的推动力仍在于外生的技术进步。阿罗（1962）将技术进步内生化探寻经济增长的源泉，提出了"干中学"模型，认为企业生产率是在平时的生产经验积累中逐步提高的，但是最终的技术进步取决于人口增长率，如果没有人口增长，也就没有技术进步，也没有找出经济长期增长的证据。

古典经济理论和新古典经济理论都存在局限性，外生技术进步在解释经济增长方面也存在缺陷，故此经济学家们开始重新思考经济增长理论模型，提出了"技术进步内生化"观点，新经济增长理论应运而生。新经济增长理论用内生技术进步来解释长期经济增长的根源，主要目的在于将影响经济增长的因素内生化，因此也被称之为"内生经济增长理论"。罗默（1986）在"干中学"模型的基础之上将知识资本内生化引入经济增长模型寻找长期经济增长的源泉。知识资本存在溢出效应，加大对生产部门知识资本的投入，会导致物质生产部门的产出增加，虽然知识资本存在边际收益递减，但知识资本的溢出效应足够抵消知识资本的边际收益递减，从而保证经济的长期持续增长。卢卡斯（1988）将人力资本内生化引入经济增长模型寻找长期经济增长的源泉，强调人力资本对经济增长的重要性。20 世纪 90 年代以来，经济学家放弃了完全竞争假设，依据技术进步表现形式的不同探寻经济长期增长的根源，如蒂兹和罗默（1991）、巴罗和萨拉－伊－马丁（1995）等的产品品种增加型内生经济增长模型，阿格汗和哈威特（1992）、迪诺普洛斯和汤普森（1998）等的产品质量升级型内生经济增长模型。另外一些学者从劳动分工（Becker and Murphy，1992）、人口变化（Morand，1999）、制度（North，1990）等角度解释了长期经济增长的源泉。

新经济增长理论将技术进步内生化引入经济增长模型，其主要贡献可以归纳为：第一，弥补了古典增长理论和新古典增长理论的不足，将技术进步内生化更切合实际，也可以更充分的解释发达国家与发展中国家的收入差距。第二，将技术创新与研发、知识、人力资本等其他一些变量内生化有效的解释了经济长期持续增长的源泉和动力，大大拓宽了人们对经济增长源泉的认识。第三，肯定了政府政策干预的必要性。第四，在经济增长模型中引入了知识、人力资本等所带来的"溢出效应"。第五，为后续的经济增长理论提供了有力的分析框架。当然，新经济增长理论也并非完美，也存在如下缺陷：首先，出现了与新经济增长理论不大相符的实证研究结论，如曼昆等（1992）。其次，对于一些对经济增长至关重要的影响因素很大程度上被忽视了，如劳动分工、制度变迁等。最后，诸多学者认为新经济增长模型仅是在理论模型方面有了突破和改进，但实质上并未给予我们太多实用的政策建议（Evenson and Westphal，1994），所给的政策建议也是相对模糊的。

综上，经济增长理论由古典经济增长理论到新古典经济增长理论，最后发展到现代经济增长理论，发展过程中不断完善又不断提出了新的问题，从经济增长理论的发展历程来看，一方面，经济增长理论在随着现实中世界各国经济的不断增长而不断深化；另一方面，经济增长理论也在不断多元化发展，在这个过程中，学者对于经济增长理论的研究得以更加延展开来和细化，这对于整个经济学理论体系建设的完整性有着重要的意义。随着世界范围内经济的不断发展，越来越多的学者注意到研究经济增长理论不再局限于前人的研究范畴，而开始新辟道路，这种研究的多元化对于现实不同经济体经济增长规律的差异的解释能力在不断增强，由于现实经济运行的复杂性，之前的经典理论也不能完全解释现实的很多经济现象，故而需要更加切合现实经济现象的理论对其加以解释。随着理论的不断多元化发展，研究方法也在不断丰富，除原来经济研究中的定量、定性、均衡、动态和静态分析等，经济学家开始更多地运用数理工具对经济现象加以解释，并在此基础上来进行经济运行的预测。新的研究方向和研究方法为经济增长理论的研究注入了更多新鲜的血液，使得对于经济增长理论的研究在世界经济不断增长的同时也在不断向前迈进。

2.1.2 环境约束下的经济增长理论

早期的经济增长理论只考虑了劳动、资本、知识、分工以及制度等投入要素，而忽视了环境要素对经济增长的影响，基本都没有考虑环境要素。但随着经济增长步伐的加快，人类生产活动所造成的环境污染问题也日益严重，学术界不得不从环境角度出发重新思考经济增长问题。特别是 20 世纪 70 年代以来，对于经济增长可持续发展的研究问题日益增多，总结起来可以归纳为四类：（1）包含环境因素的新古典增长模型；（2）如同资本、劳动等投入要素一样，将环境因素也作为投入要素的新古典增长模型；（3）环境恶化与经济增长的内生增长模型；（4）其他关于经济增长与环境关系的宏观理论模型。

20 世纪 70 年代以来，很多经济学者开始将资源和环境要素纳入经济增长模型，并得出了较为有意义的研究结论，如达斯格普济和希尔（1979）、斯蒂格利茨（1974）等，既分析了经济的最优增长路径，也分析了资源的最优开采。基勒等（1972）指出构建包含环境因素的新古典经济增长模型时，需要对污染变量的假设考虑周全，同时经验研究表明，经济增长符合环境的库兹涅茨曲线假说（Lopez，1994；Selden and Song，1995）。而将环境因素作为一种生产投入要素时，经济增长模型的最优增长路径会变得更为复杂化（Lopez，1994）。伴随着经济增长理论的发展，学者们将环境纳入生产函数，从内生经济增长模型的框架下分析经济增长的可持续发展问题，如格拉德斯和斯马尔德斯（1993）、斯托基（1998），以此判断环境资源限制状况下的经济可持续发展。

关于经济增长与环境质量之间的关系一直以来都未达成一致性结论，梅多斯等（1972）认为经济增长会加剧环境恶化，最终危机到人类自身，恰恰忽视了技术进步和价格机制的作用。所以帕纳约托（1993）指出经济增长可以改善环境质量状况，尤其是发展中国家，随着经济增长和人们生活水平的提高，消费者自身会意识到环境保护的重要性，会倒逼企业生产环境友好型产品，人们对环境需求质量的提升必然导致更为严格的环境规制政策，当然过于严格的环境规制政策也会不利于经济的持续增长（Barlett，1994）。这种争议性的出现促使越来越多的学者去追求经验上的支持库兹涅茨（1955）提出了著名的库兹涅茨曲线论述，诸多学者也认为经济增长与环境质量之间存在这种倒"U"型曲线，经济增长符合环境的库兹涅茨曲线假说（Panayotou，1993；Selden and Song，1995）。在经济发展初期，国家追求的是经济的持续稳定增长，人们追求的只限于增加收入（简单来说就是养家糊口），并不会注意资源节约和环境保护的必要性，也就是说这种追求是建立在过度开采自然资源以及随意排放污染物的基础上的，这样的追求模式必然加剧环境质量的恶化。随着经济的发展，人们的生活水平和生活质量都有了"质"的改善，开始对环境质量有了高层次的需求，追求更好更有利的环境质量，这一阶段的经济发展将不再依赖于资源的过度开采，而转到技术进步和管理、组织形式的创新，同时也有了额外的资金用于清洁型生产技术的创新研发和环保型生产设备的购买。

当然在环境库兹涅茨曲线的经验研究中，我们必须关注国际直接投资对环境—增长关系的影响。国际直接投资的发生意味着一国的污染密集型产业有转移到另一国的趋势，即一国污染型产品的减少必然导致另一国污染型产品的增加，也就是所谓的"污染天堂"假说（pollution haven hypothesis）。对于发展中国家来说往往制定较低的环境规制政策借以吸引更多的 FDI，这就为发达国家污染密集型产业的转移提供了契机，尤其是发展中国家往往更加依赖于跨国企业所带来的技术效益（Letchumanan and Kodama，2000；Neumayer，2003）。与此同时，我们也不能否认跨国公司的进入会加剧发展中国家的市场竞争，刺激发展中国家企业采用更为先进的清洁型生产技术，从而达到改善东道国环境质量的目的（Letchumanan and Kodama，2000；Eskeland and Harrison，2003；曾贤刚，2010；盛斌等，2012）。

2.2　服务业生产率测度

内生经济增长理论肯定了全要素生产率在经济增长中的重要作用，很多经济学者就这一作用展开了深入细致的研究，故此对全要素生产率的研究文献也日益增多，对于全要素生产率的测算就成为主要的研究领域之一，也成为分析经济增长问题不可或缺的一部分。克鲁格曼（1994）通过对中国经济增长的研究，得出中国的经济增长主要是资源投入的结果，并非生产率的提高，而这种由要素投入所带来的经济增长模式必然不是长久的。为了探究克鲁格曼的断言，许多学者就宏观经济总体和产业层面展开了丰富而深入的研究，如李钜威等（2011）、郑京海等（2009）、阿尔文杨（2003）等对中国经济总体 TFP 的研究；陈等（2008）、李谷成（2008）等对中国农业部门 TFP 的研究；谢长泰和奥萨（2011）、任若恩和孙琳琳（2009）、鲁晓东和连玉君（2012）等对工业部门 TFP 的研究。而服务业由于其自身的异质性特点，关于服务业的绩效问题一直未引起太多的关注和重视。就目前的研究成果来看，我们可以将服务业 TFP 研究的相关文献依据研究对象和研究层次分为三类。

第一类是以服务业整体为研究对象对中国服务业 TFP 进行考察。郭克莎（1992）运用索罗余值法，对中国 1979～1990 年服务业 TFP 进行了研究，结果显示在此期间中国服务业 TFP 的年均增长率为 2.58%，要低于中国第一产业和第二产业 TFP 的年均增长率；程大中（2003）运用总量生产函数通过对中国服务业 1978～2000 年的全要素生产率增长率的估算研究了中国服务业的增长特点与增长源泉；杨勇（2008）首先采用中国 1952～2006 年的服务业数据，测算了中国服务业全要素生产率，然后运用 C-D 生产函数对中国服务业全要素生产率在服务业增长中的作用进行了测算分析，结果显示中国服务业 TFP 对服务业增长的贡献作用偏弱，服务业发展仍然依赖于资本要素投入；

杨向阳（2012）采用 Hicks-Moorsteen 指数方法对中国 1978～2002 年的服务业 TFP 增长情况进行了考察，研究表明中国东部地区服务业 TFP 平均增长率为 10.64%，技术进步是主要的推动力量（8.79%），技术效率贡献的作用微弱（1.84%）；王恕立和胡宗彪（2012）运用序列 DEA-Malmquist 生产率指数法，采用中国服务业行业面板数据，测算了中国 1990～2010 年细分行业的全要素生产率、技术效率、技术进步增长率，结果显示中国服务业 TFP 增长表现出了较大的行业异质性。进入 21 世纪后，中国服务业 TFP 增长的源泉由技术效率主导转变成了技术进步主导，且在服务业发展的过程中粗放型增长的特点依然明显。

第二类是以中国省级面板数据为研究对象对中国服务业 TFP 的区域性考察。顾乃华（2005）采用中国 1992～2002 年的省级面板数据，运用随机前沿分析法（SFA）分析了中国服务业的技术效率（EC）增长，又运用数据包络分析方法（Data Envelopment Analysis，DEA）对其进行了验证（2008），结果均显示，我国服务业的技术效率偏低，今后服务业生产率提升还需从改善技术效率入手，服务业生产率在服务业增长中的作用也偏弱，服务业增长的主要源动力在于要素投入；顾乃华、李江帆（2006）运用 SFA 方法对中国服务业东部、中部、西部地区的技术效率进行了测算，结果显示三大区域技术效率的差异是造成服务业区域发展不均衡的主要原因，而技术效率的差异是各地区市场化进程的差异所导致的；尹琳琳、苏秦（2009）运用 Malmquist 生产率指数法，采用 1993～2007 年中国 31 个省份（不含港澳台地区数据）的服务业统计数据，测算出了中国服务业的全要素生产率，结果显示中国服务业的全要素生产率呈先升后降的倒 U 型趋势，且东部地区所表现出来的增长趋势要比中部、西部地区更为明显，而王耀中、张阳（2011）却发现中国服务业 TFP 总体上呈下降趋势；杨向阳等（2006）采用中国 1990～2003 年的服务业统计数据，运用非参数的 Malmquist 指数方法，测算了中国服务业的全要素生产率、技术效率（EC）及技术进步（TC）增长率，研究显示中国 1990～2003 年的服务业 TFP 年均增长率仅为 0.12%，并且服务业全要素生产率增长的源动力在于技术进步，技术效率的作用偏弱；刘兴凯，张诚（2010）同样采用 Malmquist 生产率指数法对中国 1978～2007 年的服务业全要素生产率及其分解状况进行了测算和分析，结果显示样本期内中国服务业 TFP 年均增长率为 2.5%，且各省市的 TFP 增长表现出了长期的收敛趋势。

第三类是对中国服务业内部单一行业 TFP 的考察。原毅军等（2009）运用 Malmquist 生产率指数法，采用中国 1997～2005 年的服务业统计数据，测算了中国 27 个省份生产性服务业的 TFP 变动情况，结果显示样本期内中国生产性服务业 TFP 呈现逐年放缓的下降趋势，年均下降速度为 4.8%，而王美霞（2013）则得出了相反的结论，中国 1995～2009 年省会城市生产性服务业细分行业的 TFP 呈增长趋势，技术进步水平的提高是主要原因；徐盈之、赵玥（2009）对中国信息服务业全要素生产率进行了测算，并对其进行了区域收敛性检验，结果显示，中国信息服务业不仅存在绝对收敛，还存在显著的条件收敛。此外，也有许多学者从银行业、保险业、物流业等细分行业对服务业 TFP 进行研究分析，得出了较为丰富的研究成果，如马修斯和张（2010）、蔡跃洲和郭梅军（2009）、袁晓玲和张宝山（2009）、吕秀萍（2009）、田刚和李南（2009）、王兵和朱宁（2011）等。

从以上文献的综合结果来看，这些文献都对中国服务业 TFP 进行了测算分析，有利于我们认识和分析中国服务业的增长问题，并对今后中国服务业的增长指明了方向。但在中国经济增长和服务业发展的背后，环境污染问题已经不可避免，在可持续发展中，中国面临资源和环境的双重约束，任何发展都需建立在资源和环境的可承载能力基础之上，只有在这种硬性约束之下，中国经济和服务业发展才能更好、更快、更强。前期文献对于全要素生产率的研究都忽视了环境这一重要因素，仅仅考虑了经济发展过程中所产生的"好"产出，一些非期望产出往往被轻易忽视，如二氧化碳、二氧化硫、化学需氧量等。忽视"坏"产出而直接测算的全要素生产率则不是经济发展的真实绩效，这会使真实的生产率水平被高估或低估，出现偏差（王兵等，2008）。而仅仅考虑了资本和劳动等生产投入要素，忽略了环境污染问题所产生的"坏"产出的存在，将会扭曲对社会福利变化和经济绩效的评价，制定的相关政策建议也可能会产生错误的指导方向（Hailu and Veeman，2000）。有鉴于此，很多学者在研究全要素生产率时，开始将环境因素纳入生产率研究体系，钟等（1997）在方向性距离函数的基础上，提出了一种全新的生产率测算方法，即 Malmquist-Luenberger（ML）指数方法，该方法充分考虑了生产过程中所产生的"坏"产出，对于测量环境约束下的全要素生产率也是一种突破。

近年来，很多学者利用 ML 生产率指数开始进行全要素生产率的实证研究。法尔等（2001）运用该方法对美国制造业的 TFP 进行了测算，结果显示1974 ~ 1986 年间美国制造业的传统全要素生产率增长率为 1.7%，而当考虑了环境因素之后，TFP 增长率提高到了 3.6%；全和西克尔斯（2004）分别运用 ML 指数和 Malmquist 生产率指数对经济合作与发展组织（OECD）和部分亚洲国家 1980 ~ 1990 年的全要素生产率进行了测算，结果显示环境因素对 OECD 国家和部分亚洲国家的影响差异巨大，表现为：OECD 国家的 ML 指数在 1980 ~ 1990 年间显著正增长，而部分亚洲国家的 ML 指数在 1980 ~ 1990 年显著负增长；约鲁克和扎姆（2005）采用了同样的方法对 OECD 国家 1983 ~ 1998 年的全要素生产率进行了测算，发现忽略环境因素会显著低估 OECD 国家的 TFP 增长；库玛尔（2006）就发达经济体和发展中经济体（共 41 个）的 TFP 进行了测算，研究表明二者之间的差距明显；柯孔林、冯宗宪（2008）基于 ML 指数测算中国银行业 TFP 变动情况，发现如果不考虑"坏"产出的存在，则会扭曲中国银行业的发展绩效水平；王兵等（2008）对亚洲太平洋经济合作组织（Asia – Pacific Economic Cooperation，APEC）17 个国家和地区的 TFP 增长情况进行了相关考察，并考虑了二氧化碳（CO_2）这一"坏"产出的存在，却发现 APEC 国家和地区的 TFP 增长率在环境约束下有了显著的提高；杨俊、邵汉华（2009）将环境因素纳入生产率研究框架，采用中国1998 ~ 2007 年的地区工业数据，运用基于方向性距离函数（Directional Distance Function，DDF）的 ML 指数，测算了中国地区工业的 TFP 增长情况，结果表明如果将环境因素排除在外，则会高估中国地区工业的 TFP 增长，不能如实反映中国地区工业的 TFP 增长状况；王兵、吴延瑞、颜鹏飞（2010）对中国除西藏外的 30 个省份 1998 ~ 2007 年的区域环境效率和环境全要素生产率进行了测算分析，结果显示污染物的肆意排放是环境无效率的根源，相对来说中国东部地区的环境状况较好，与传统全要素生产率相比，环境全要素生产率的平均增长率要稍高；陈诗一（2010）对改革开放以来中国工业全要素生产率进行了重新测算，结果发现不考虑环境因素的 TFP 显著高估了中国工业全要素生产率，并不能真实反映中国工业的增长水平与状况；涂正革、肖耿（2009）运用中国 1998~2005 年的工业统计数据，将工业发展所产生的污染物排放考虑在内，探析了中国工业增长的源泉，结果显示：产业环境结构优化和环境 TFP 将成为中国工业增长模式转变的主要力量。可见，当前将环境因素纳入生产率研究框架的研究基本都集中于中国整体经济以及工业经济领域，鲜有服务业领域的研究，其实在当前所有关于服务业生产率的测算研究中，几乎都没有考虑到环境污染问题的存在（庞瑞芝等，2014）。因此庞瑞芝等（2014）率先将环境因素引入了服务业研究领域，对中国 1998~2012 年的服务业全要素生产率进行了重新测算，并与工业领域的 TFP 增长情况进行了对比，结果发现服务业生产率平均高于工业，但 TFP 增长稍逊于工业，且近年来服务业 TFP 增长呈现出了赶超工业的趋势。

2.3　服务业双向 FDI 的生产率效应研究

2.3.1　服务业利用外资与生产率

麦克道格尔（1960）首次提出了"技术溢出"这一概念，认为其是跨国公司 FDI 进入东道国所引起的东道国技术进步水平提升和生产力水平提高的一种外部效应，且跨国公司无法获取全部收益。库科（1992）将 FDI 技术溢出效应分为竞争、示范模仿、人员培训流动和产业关联效应四类，也就是平常所说的行业内溢出（intra-industrial spillovers）和行业间溢出（inter-industrial spillovers），也称之为水平溢出和垂直溢出。

在理论层面上，富朗索瓦（1990）、马库森等（2005）均从生产者服务与分工的角度证实了服务业 FDI 技术溢出效应的存在性，并对其正向作用给予了肯定。里弗－巴蒂茨（1992）从分工和专业化的角度出发，证实了商务服务业 FDI 技术溢出的正向作用，并有利于提升以商务服务部门作为中间投入的下游产业的劳动生产率。马瑞维克等（1997）运用要素禀赋理论和 S-D-S 垄断竞争模型相结合的框架，构建计量经济模型来分析服务业贸易自由化对东道国经济福利的影响时，得出服务贸易自由化程度越高，对东道国净福利收益的程度越大，对服务贸易采取保护政策的国家往往福利受到损失。赫克曼（2006）研究指出，服务质量的高低决定着一国企业竞争力的强弱，市场竞争力强的企业一般来说服务质量都较高，服务成本也较低，服务业落后的国家或地区可以通过引进国外先进服务业领域的外商直接投资来提高自身服务质量，进而提高国际国内市场竞争力。降低服务价格、改进服务质量、增加服务种类及知识溢出是服务业 FDI 在部门内存在的四大效应（Fernandes and Paunov，2012），且服务业 FDI 可能导致管理方法、市场营销及专有技术、最佳实践等从外资企业向国内服务提供者扩散技术（Mirodout，2006）。

在经验层面上，卡弗斯（1974）率先对 FDI 的技术溢出效应进行了实证分析，接着涌现出了一大批实证研究文献，但实证效果却并不理想，基本上未发现与理论预期相一致的正向生产率溢出效应（Gorg and Greenaway，2004；Chowdhury and Mavrotas，2006）。近年来许多学者认为这可能是由于忽略了前后向关联所引起的行业间溢出效应所导致的，因此很多学者开始着手于 FDI 行业间技术溢出效应的实证研究。库格勒（2006）基于哥伦比亚的相关数据，实证检验了 FDI 的技术溢出效应，研究显示知识传播更易发生在行业间；布莱洛克和格特勒（2004）利用印度尼西亚 1988～1996 年的公司面板数据，得出了跨国企业 FDI 进入可以促进上游当地企业生产率提高的结论，从而解释了跨国公司的动机；斯科尔斯和范德托尔（2002）利用匈牙利企业层面数据进行研究，发现了正向的后向溢出效应和负向的前向溢出效应，并且行业间溢出效应比行业内溢出效应更为显著。哈里斯和罗宾逊（2004）运用英国企业数据进行研究时发现行业间溢出效应的显著性要优于行业内溢出，与此同时梅里韦德和斯科尔斯（2007）对罗马尼亚、克雷斯波等（2012）对葡萄牙、苏亚托和萨利姆（2013）对印度尼西亚等的研究都得出了类似的结论。贾沃里克（2004）对立陶宛的研究和哈里森、杰弗森（2011）对中国的研究都表明 FDI 后向溢出效应存在且为正。但也有一部分研究结论发现 FDI 的技术溢出效应不显著（Djankov and Hoekman，2000；Keller，2004），甚至为负（Zukowska-Gagelmann，2001；Thangavelu and Pattnayak，2011）。

由于服务业 FDI 规模的不断扩大，很多学者对服务业 FDI 的技术溢出效应进行了大量的实证研究，且大多都是利用宏观和微观企业数据，大多数研究均表明，服务业 FDI 对东道国经济发展和技术进步具有推动作用。科南和马斯库斯（2006）、杰森等（2007）均认为服务业 FDI 对东道国制造业的生产率提升有促进作用。阿罗德（2012）采用行业层面数据同样证实了服务业 FDI 对东道国制造业生产率提升的促进作用，费尔南德斯和保诺夫（2012）采用微观企业层面数据对智利的研究发现服务业 FDI 的行业间溢出效应是显著的，但也有研究认为这种效应是不显著的甚至是负面的，比如多伊奇和乌特姆（2011）。综合上述文献很多学者的研究，可以看出 FDI 行业间的技术溢出效应明显存在，且后向溢出效应要显著于前向溢出效应。陈涛涛（2003）运用中国制造业的数据，证明存在 FDI 行业内技术溢出效应。潘文卿（2003）选取中国 30 个省市的工业数据对 FDI 的技术溢出效应进行了证实，也得出了相同的结论。王耀中、刘舜佳（2005）通过对中国制造业 22 个行业层面数据的研究，发现行业间技术溢出效应明显存在，前后向关联效应都表现为正向效应，但行业内溢出效应更为明显。姜瑾、朱桂龙（2007）选用 21 个行业的数据，通过构建行业内和行业间效应等变量的计量经济模型，表明 FDI 存在显著的行业内和行业间溢出效应。王苍峰（2008）选取制造业 28 个行业 1999～2003 年的面板数据，发现跨国企业进入所引起的后向关联效应显著，而前向关联效应不显著。薛漫天、赵曙东（2008）选取中国六省 2000～2005 年的工业行业数据，对 FDI 的行业间溢出效应进行了实证分析，研究表明，中国工业行业 FDI 后向溢出表现为负向效应，而前向溢出表现为正向效应。韩德超（2011）指出，在不考虑制度改善对生产效率影响的情况下，生产性服务业 FDI 的进入，会显著提升中国工业企业的生产率水平，对中国工业企业生产率存在显著的正向影响，反之则相反。可见，就目前研究文献来看，对服务业 FDI 技术溢出效应的研究还停留在服务业 FDI 对中国经济总体或制造业生产率的影响，研究服务业 FDI 进入对服务业自身生产率影响的文献甚少。事实上，知识和技能的扩散使商务服务业 FDI 的最大收益是其对当地经济的溢出效应，特别是 FDI 对商务服务业的生产率具有间接的正向作用且可改善商务服务业的质量和范围（Stare，2001）。

2.3.2　服务业对外投资与生产率

在开放经济条件下，一国基于投资动机划分的对外直接投资可分为三类：资源寻求型、技术寻求型、市场寻求型。其中以技术寻求为动机的 OFDI 得到了众多学者的研究和认可，那么这种技术寻求型 OFDI 是否带动了"母国"技术水平的提升，是否对"母国"产生了逆向技术溢出效应。这种设想最早源于科格特（1991）对日本企业在美国海外投资的研究，研究显示日本对美国海外投资的企业主要是研发密集型产业，主要目的在于分享并获取美国企业特有的先进技术。利希滕贝格和波特瑞尔（2001）通过构建 LP 模型，实证检验了 OFDI 对"母国"全要素生产率的影响，结论证实了对外直接投资逆向技术溢出效应的存在。进而以 OFDI 为渠道的逆向技术溢出效应成为众多学者实证检验的一大议题，即对逆向技术溢出效应存在性的检验。就笔者所总结的相关文献来看，学者们对 OFDI 的逆向生产率溢出效应并没有达成一致见解，得出的研究结论不尽一致。

大多数学者都证实了 OFDI 对"母国"确实存在显著的逆向生产率溢出（Zhao et al.，2010；赵伟等，2006；王宗赐等，2011；揭水晶，2013）。布拉克尼尔和埃克霍姆（2001）对于瑞典的研究，德雷菲尔德等（2009）对于英国制造业的研究，布兰斯提特（2006）对于日本企业的研究，比泽尔和凯瑞克斯（2008）对于 17 个 OECD 国家制造业的研究，赫泽（2011）对 33 个发展中国家的研究都证实了 OFDI 的逆向生产率溢出效应。近年来随着中国对外直接投资数额的增加，其所产生的经济效应也开始凸显，众多国内学者开始就对外直接投资的逆向生产率溢出效应展开探析和研究，但到目前为止还未有一致性结论。既有支持 OFDI 逆向生产率溢出效应为正的文献，也有认为

OFDI 逆向生产率溢出效应为不显著的文献。刘凯敏、朱钟棣（2007）以中国 1985～2005 年时间序列数据为研究对象，运用索罗模型通过平稳性检验和因果关系检验，证实了"母国"可以通过对外直接投资学习国外先进经验和技术，从而促进全要素生产率水平的提升；王英、刘思峰（2008）基于同样的数据，运用 C-H 模型也印证了 OFDI 对"母国"存在显著的逆向生产率溢出效应，但其对我国全要素生产率的作用要明显低于研发投入的作用。龚艳萍、郭凤华（2009）基于 C-H 修正模型得出了我国 OFDI 名义增加 10%，TFP 增加 2%，国内研发投入增加 10%，TFP 增加 0.9% 的结论；沙文兵（2012）基于我国 2004～2008 年的省级面板数据，运用计量经济模型，认为我国以 OFDI 为渠道可以产生显著的逆向生产率溢出效应。赵伟等（2006）运用我国 1985～2004 年的时间序列数据进行回归发现，我国 OFDI 具有逆向生产率溢出效应，特别是 OFDI 的对象为研发资本要素丰裕的国家和地区时这种效应更为明显。

也有学者得出了与上述学者不同的结论，认为 OFDI 不存在显著的逆向生产率溢出效应，甚至为负向效应，如邹玉娟等（2008）、白洁（2009）、尹小剑（2011）以及刘宏、张蕾（2012）等。也有文献认为外向 FDI 的逆向生产率溢出存在明显的地区差异性（刘明霞、王学军，2009；李梅、柳士昌，2012），还有学者认为我国对外直接投资的逆向生产率溢出效应受到技术传递方面（姜巍、吴燕君，2012）、技术吸收方面（李梅，柳士昌，2012）和技术互动方面（朱彤、崔昊，2012）的影响。可见，尽管当前学术界在理论上承认了 OFDI 逆向生产率溢出效应的存在，但在实证检验方面得出的结果却不尽相同，由于数据选取、方法运用、模型设计等方面的差异都会导致不同的结果。除此之外，OFDI 逆向生产率溢出效应还受到诸多因素的影响，特别是经济发展水平、技术吸收能力以及创新能力等。

综合上述文献可以看出，当前对我国 OFDI 逆向生产率溢出的文献都是基于宏观和企业层面，发展中国家可以通过 OFDI 推动本国技术进步，企业可以通过 OFDI 学习国外先进管理理念和经验技术，促进生产率水平的提升和技术水平的提高。但对产业层面的研究文献甚少，服务业更是如此，鲜有学者对服务业 OFDI 的逆向生产率溢出效应进行探索分析。笔者查阅了近几年的相关文献，仅有为数不多的几篇文献对服务业外向 FDI 的生产率溢出效应进行了实证检验和分析（王恕立等，2013；陈景华，2014）。

2.4　外商直接投资、环境与生产率的关系

2.4.1　外商直接投资的环境效应

当前对于 FDI、环境污染与经济增长之间关系的研究基本都是割裂开来单向研究，即专门研究 FDI 对东道国环境污染的影响、专门研究环境污染与经济增长之间的关系，很少有研究能将两者结合起来。张中元、赵国庆（2012）基于中国省级面板数据，探析了 FDI 进入后，加强环境规制对工业技术进步的影响，结果显示 FDI 对工业技术进步不存在明显的溢出效应，但加强环境规制却能显著促进工业部门的 FDI 技术溢出。聂飞、刘海云（2015）基于中国 2003～2011 年的城市层面数据，建立联立动态方程模型深入探析了 FDI、环境以及经济增长之间的关系，结果显示 FDI 对城市环境具有"污染光环"效应，外资进入有利于东道国环境状况的改善，东部地区的环境污染在促进工业增长方面表现较为显著。

在当前研究 FDI 环境效应的文献中，主要分为两派。一派支持"污染避难所"假说，这派的中心观点表明，各个国家在环境管制方面的标准存在差异，低环境标准的发展中国家对外资有强烈的吸引力，跨国公司为降低污染成本，就会将一些高污染产业转移到低环境标准的发展中国家，进而加剧发展中国家环境的恶化，所以他们认为低环境标准的国家将会成为污染密集型产业的聚集所在地。这一假说得到了众多学者的支持（Cole，2004；Dean et al.，2009；刘建民、陈果，2008；陈刚，2009；张宇、蒋殿春，2014），结论都显示较低的环境标准能吸引大量的 FDI 流入，而严格的环境管制则会限制 FDI 的进入。于峰、齐建国（2007）认为外资进入可以对环境产生结构效应、规模效应、技术转移效应，正的技术转移效应将会抵消负的规模效应和结构

效应，从而使 FDI 产生正向的环境效应；张成（2011）将外资部门和内资部门的污染排放量进行了对比，发现外资部门比内资部门更能导致严重的环境污染。另一派学者反对"污染避难所"假说，认为跨国公司具备较好的生产技术和清洁设备，跨国公司进入东道国，可以为东道国注入先进的生产清洁技术，通过与本地企业进行竞争，本地企业可以示范模仿国外的先进技术，从而淘汰落后技术，达到改进东道国环境质量的目的（Letchumanan and Kodama，2000；Eskeland and Harrison，2003；曾贤刚，2010；盛斌、吕越，2012）。郭红燕等（2008）、李子豪等（2010）利用我国工业行业面板数据进行研究，均发现利用外资规模可以显著改善我国的环境状况。有部分学者认为 FDI 对我国的环境影响是动态的，呈现倒"U"型趋势，符合环境库兹涅茨假说（包群等，2010）。也有学者认为外资对我国环境没有影响，如何洁（2006）对我国工业省级面板数据的研究。

2.4.2　环境约束下的经济增长

在早期的理论中，环境被当作一种要素，后期很多学者在测算生产率时除了考虑资本、劳动等基本投入要素外，也将环境要素纳入了进来，如吴军（2009）、杨俊等（2009）、匡远凤等（2012）。事实上，作为一种公共消费物品，我们大众都在消费环境，每个人的环保行为都关系到环境资源的承受能力，如果政府不制定相关环境保护政策对公众的环境消费状况加以干预，任由污染物肆意排放，环境污染状况将会愈演愈烈，最终超出承受极限。当前中国经济高速增长，由此引发的环境污染问题也日益严重，2008 年我国生态环境退化成本和环境治理成本占 GDP 总额的比重分别达到了 3.9% 和 1.54%，服务业也不例外，服务业碳排放量与增加值近似成单位弹性（庞瑞芝等，2014）。据测算，1998 年中国农业、工业和服务业碳排放量分别为 0.22 亿吨、7.54 亿吨和 1.20 亿吨，占中国整体碳排放量的比重分别为 2.52%、83.53% 和 13.3%，2012 年中国农业、工业和服务业碳排放量分别为 0.23 亿吨、21.79 亿吨和 2.86 亿吨，占中国整体碳排放量的比重分别为 0.93%、87.19% 和 11.43%（杨骞等，2012；仲云云等，2012）。无论是碳排放的绝对量还是增长量，服务业部门均要高于农业部门，低于工业部门，年均增加速度亦是如此（年均增长速度分别为 0.13%、7.87% 和 6.38%）。从服务业分行业来看，1998 年交通运输、仓储和邮政业以及批发零售和住宿餐饮业的碳排放量分别为 0.43 亿吨和 0.09 亿吨，2012 年分别增加到了 1.56 亿吨和 0.17 亿吨。可见不管是服务业自身还是服务业分行业的碳排放量均处于增长趋势，由此造成的环境污染问题已经不容忽视。在当前这一状况之下，寻求资源、环境与服务业增长的可持续发展道路就显得迫在眉睫。

当前对于环境约束下的经济增长研究文献也日益增多，综合来说主要集中于两种观点：第一种观点的侧重点在于环境成本，国家制定环境管制政策，就会要求企业减少废弃物的排放，企业就得加大成本投入用以治污，从而增加企业的成本负担，导致企业生产效率的降低，从而不利于整体经济的增长和发展，因此他们认为政府制定环境规制政策，对企业的排污行为加以管制和干预，就必然以降低企业的生产效率为代价；而另一种观点则恰好相反，认为适度的环境管制可以实现"双赢"，既有利于环境保护，又可以保证经济增长，也就是波特效应假说，环境管制的出现，可以让各个企业认识到环保的重要性，激发出企业的自主创新能力，在生产中更多地应用清洁型技术，并借此抵销由于环境管制带给企业的额外治污成本，提高企业的生产效率，促进整体经济的增长和发展。第一类观点的主要支持者有沃利和怀特海德 (1994)、哈特和阿胡亚（1996）、金特拉卡恩（2008）等，认为环境管制政策会增加企业的生产成本，不利于企业提高生产效率，也会影响整体经济的增长和发展，环境规制对企业的技术创新存在"挤出效应"。第二种观点的主要支持者有布伦纳梅尔和科恩（2003）、滨本（2006）、苏吉诺等（2007）等，认为适度的环境规制可以达到环境保护和经济增长的双重目标，会激发企业的自主创新能力，刺激企业引进更为先进的治污设备、采用更为先进的清洁技术，这种"创新补偿效应"，可以增加企业的产品产量，提高企业的生产效率，带动整体经济的持续增长和发展。

鉴于环境管制与生产率之间的关系，无论是从理论层面还是经验层面很多学者都展开了研究，但总体来说并未取得一致性意见，所得出的结论都带有争议性。杰菲和帕尔默（1997）采用美国工业行业数据，检验了环境管制对研发投入的影响，结果表明环境管制对行业 R&D 支出存在显著的正向影响，对专利申请数的增加不存在显著的影响。此前很多学者对环境管制的衡量方法无外乎排污费或治污设备投资，后来有学者对这一衡量方法表示了质疑（Berman and Bui，2001）。他们以美国的石油冶炼行业为例，发现美国洛杉矶地区石油冶炼行业的 TFP 相对较高，究其原因在于洛杉矶实行了更为严格的空气质量管制。严格的环境管制有利于美国洛杉矶石油冶炼行业企业生产率的提高，与生产率之间存在显著的正向关系。其他一些文献也发现了环境管制与生产率之间的正向关系，如马纳吉等（2005）对墨西哥近海石油和天然气开采业的研究、滨本（2006）对日本制造业的研究、拉诺伊等（2008）对加拿大魁北克省制造业的研究、茨奥等（2012）对中国台湾工业的研究等，都表明适度的环境管制有利于企业生产率的提高。但也有文献表明严格的环境管制不利于企业生产率的提升，如莱文森和比德林（2003）对美国造纸业的数据研究，他发现，虽然美国造纸业的污染治理成本非常高，但是造纸业的生产率却并不高，环境管制并没有促进美国造纸业的生产率提升和技术进步。此外也有学者对这一结论进行了验证，得出的结论也大致相同，如贝克尔（2011）就认为环境管制对美国制造业生产率提升的影响效应微乎其微。

上述文献都是基于国外的研究，近年来中国经济高速增长所引发的环境污染状况也愈演愈烈，不少学者就中国的相关数据开始探讨环境管制与生产率之间的关系。大致可以分为两类文献。第一类文献，将环境污染提上日程，并作为生产过程中的非期望产出，采用方向性距离函数（Directional Distance Function，DDF）对中国的环境效率进行测算。例如，涂正革、肖耿（2009）运用中国 1998～2005 年的工业统计数据，将工业发展所产生的污染物排放考虑在内，探析了中国工业增长的源泉，结果显示：产业环境结构优化和环境 TFP 将成为中国工业增长模式转变的主要力量。陈诗一（2010）选取 1980～2008 年中国 38 个工业行业的相关统计数据，对中国工业行业的环境全要素生产率进行了再测算，研究发现，改革开放以来中国的绿色工业革命收效颇丰，环境全要素生产率与传统全要素生产率之间存在差异。第二类文献，对环境管制与生产率之间的关系进行了回归分析和实证研究。例如，李胜文等（2010）采用中国 1986～2007 年的省际面板数据，实证检验了环境管制政策对生产率的影响，研究表明环境管制仅对中国东部地区生产率的提升存在促进作用。沈能（2012）采用中国工业行业面板数据，用污染治理成本衡量环境管制，检验了环境管制与生产率之间的关系，研究表明工业环境规制与环境效率正相关，环境管制有利于清洁生产型行业的环境效率，但对污染密集型行业的影响存在滞后效应。

2.5　本章小结

结合上述文献，可以看出前期文献还存在诸多不足，如将服务业利用外资和对外投资的生产率效应分开研究，且很少涉及服务业双向 FDI 对服务业自身生产率的研究；对服务业生产率的研究都仅考虑资本、劳动等基本投入要素，却忽视了环境因素，可以说几乎都没有考虑服务业部门的环境污染问题；对服务业 FDI 生产率效应的研究也仅从单维视角展开，缺乏从双向 FDI 的二维层面探析其生产率的综合效应。

在可持续发展中，中国面临资源和环境的双重约束，任何发展都需建立在资源和环境的可承载能力的基础之上。前期文献都仅仅考虑了经济发展过程中所产生的"好"产出，一些非期望产出往往被忽视。如果忽略了环境污染问题所产生的"坏"产出的存在，将会扭曲对社会福利变化和经济绩效的评价，制定的相关政策建议也可能会产生错误的指导方向（Hailu and Veeman，2000）。对于服务业 FDI 生产率效应的研究结论也并不一致，鲜有学者对服务业 OFDI 的逆向生产率溢出效应进行探索分析，还未见有文献对服务业 FDI 流入、流出以及两者间关系与服务业部门本身生产率的关系进行专门研究。基于此，本书有必要纳入环境因素，对环境约束下的中国服务业生产率再测算，从 FDI 流动的双维视角探析服务业双向 FDI 的生产率效应。

第 3 章
中国服务业双向 FDI 互动发展现状分析

当前，各个国家 FDI 呈现双向流动的趋势，既有发达经济体对发展中经济体的对外直接投资，也有发展中经济体对发达经济体的对外投资，也就是说一国在利用外资的同时也在进行对外投资，中国也不例外。近年来，中国利用外资规模逐渐扩大，长期位居发展中国家首位，对外投资也保持了快速增长的趋势，2002～2013 年，对外投资规模增长了将近 40 倍，并连续两年位居世界第三位。商务部网站显示，2014 年我国利用外资总额为 1195.6 亿美元，共实现全行业对外直接投资 1160 亿美元，同期利用外资规模与对外投资规模仅相差 35.6 亿美元，这是我国按现有统计口径以来利用外资与对外投资首次接近均衡。与此同时，服务业利用外资规模和对外投资规模也保持了较为快速的增长势头，服务业双向 FDI 占总额的比重不断攀升，2013 年服务业利用外资和对外投资占实际外资总额的比重分别为 56.3% 和 63.9%。服务业对外投资规模和比重已经超过了同期服务业利用外资规模和比重，也就是说我国服务业已经有了正的对外直接投资净额。同时意味着我国服务业在大量利用外资的同时也大量对外投资，服务业大规模对外直接投资的背后伴随着大规模的实际利用外资。

本章将对中国服务业双向 FDI 的互动发展现状进行阐述分析，首先从中国整体层面的双向 FDI 流动出发，分析中国双向 FDI 规模在全球和发展中国家所占的比重，了解中国双向 FDI 流动的行业分布情况；其次对中国服务业双向 FDI 流动的行业匹配度进行分析，了解中国服务业利用外资规模和对外投资规模的匹配程度（利用外资和对外投资的均衡状况）；最后对中国服务业双向 FDI 的因果关系进行考察，探析服务业利用外资和对外投资的因果关系，究竟是利用外资引起了对外投资，还是对外投资带动了利用外资，或者二者是一种相互促进，相互带动的因果关系。

3.1　双向 FDI 流动及其行业分布的国际比较

利用外资和对外投资作为要素流动的外在表现形式，是一国参与市场竞争，促进国内经济快速发展和增长的动力源泉。闭关锁国的惨痛历史告诉我们，国家要取得长久的发展，就不能仅仅依靠自己的力量，而必须走出国门，将国内经济与国际经济浪潮相融合，与国际经济充分接轨，合理配置利用国内外要素资源，通过跨国资本流动积极参与国际市场竞争。利用外资的初衷是为了弥补国内资金的不足和技术的缺陷，从而促进推动经济快速持续的发展，通过引进外资的方式来引进国外先进技术和管理经验，以此改善我国的经济结构和经济增长方式，促进我国经济快速实现"质"的飞跃。也通过对外投资参与国际市场竞争，以少量的资本带动更大数量的资本，在国际市场的竞争空间中直接学习国外先进技术和管理经验，最终推动经济的高质量增长。

3.1.1　中国双向 FDI 流动的行业分布

表 3 - 1 和表 3 - 2 列出了中国 2004～2013 年实际利用外资和对外直接投资的行业分布情况。我们将所有行业归纳为农、林、牧、渔业，采矿业，制造业，电力、热力、燃气及水生产和供应业，建筑业以及服务业六大类。

从表 3 - 1 中可以看出，中国 2004～2013 年实际利用外资主要集中在制造业和服务业两大行业，其他行业的实际利用外资数额较小，特别是采矿业。制造业在 2004 年的实际利用外资额为 430.17 亿美元，占利用外资总额的比重为 70.95%，2013 年的实际利用外资额为 455.55 亿美元，占利用外资总额的比重为 38.74%；服务业在 2004 年的实际利用外资额为 140.53 亿美元，占利用外资总额的比重为 23.18%，2013 年的实际利用外资额为 662.16 亿美元，占利用外资总额的比重为 56.31%。可见制造业利用外资比重在逐年下降，而服务业利用外资比重在逐年上升，实际利用外资的重心已经开始向服务业转移。农、林、牧、渔业，采矿业以及建筑业实际利用外资的比重分别由 2004 年的 1.84%、0.89% 和 1.27% 下降到了 2013 年的 1.53%、0.31% 和 1.04%，电力、热力、燃气及水生产和供应业利用外资额比重有所上升，但由于实际数额很小，所以上升幅度也很小（1.87% 上升到 2.07%）。就 2013 年来说，中国实际利用外资额最多的行业是服务业，达到了 662.16 亿美元，然后依次是制造业（455.55 亿美元），电力、热力、燃气及水生产和供应业（24.29 亿美元），农、林、牧、渔业（18 亿美元），建筑业（12.20 亿美元），最后是采矿业（3.65 亿美元）。特别是服务业，2004～2013 年实际利用外资额的年平均增长速度达到了 18.79%，已经成为中国实际利用外资额最多的行业，在全球经济服务业化的浪潮趋势下，国际直接投资的重心逐渐由工业、制造业部门转向了服务业部门，中国服务业在国际直接投资中已经占据了主导地位。

表 3-1　　　　　　2004～2013 年中国实际利用外资行业分布情况　　　单位：亿美元

行业	2004 年	2005 年	2006 年	2007 年	2008 年	2009 年	2010 年	2011 年	2012 年	2013 年
农、林、牧、渔业	11.14	7.18	5.99	9.24	11.91	14.29	19.12	20.09	20.62	18.00
采矿业	5.38	3.55	4.61	4.89	5.73	5.01	6.84	6.13	7.70	3.65
制造业	430.17	424.53	400.77	408.65	498.95	467.71	495.91	521.01	488.66	455.55
电力、热力、燃气及水生产和供应业	11.36	13.94	12.81	10.73	16.96	21.12	21.25	21.18	16.39	24.29
建筑业	7.72	4.90	6.88	4.34	10.93	6.92	14.61	9.17	11.82	12.20
服务业	140.53	149.14	199.15	309.83	379.48	385.28	499.63	582.53	571.96	662.16

资料来源：根据历年中国统计年鉴自行整理。

从表 3-2 中可以看出，中国 2004～2013 年对外直接投资主要集中在采矿业和服务业两大行业，其他行业的对外直接投资数额较小，特别是电力、热力、燃气及水生产和供应业。采矿业在 2004 年的对外直接投资额为 18 亿美元，占对外直接投资总额的比重为 32.74%，2013 年的对外直接投资额为 248.08 亿美元，占对外投资总额的比重为 23%；服务业在 2004 年的对外直接投资额为 25.3 亿美元，占对外直接投资总额的比重为 46.02%，2013 年的对外直接投资额为 689.81 亿美元，占对外投资总额的比重为 63.96%。可见采矿业的对外直接投资比重有所下降，下降了接近 10 个百分点，而服务业对外投资比重呈上升趋势，服务业仍然是对外直接投资所有行业中规模最多，占比最大的行业。农、林、牧、渔业，电力、热力、燃气及水生产和供应业，以及制造业对外直接投资的比重分别由 2004 年的 5.26%、1.42% 和 13.75% 下降到了 2013 年的 1.68%、0.63% 和 6.67%。建筑业对外直接投资比重有所上升，从 2004 年的 0.87% 上升到了 2013 年的 4.05%。就 2013 年来说，中国对外直接投资额最多的行业是服务业，然后依次是采矿业，制造业，建筑业，农、林、牧、渔业，最后是电力、热力、燃气及水生产和供应业。特别是服务业，2004～2013 年对外直接投资额的年均增长速度达到了 44.38%，已经成为中国对外直接投资额规模最多，占比最大的行业，在全球经济服务业化的浪潮趋势下，中国服务业在国际直接投资中已经占据了主导地位。

表 3－2　　　　　　2004～2013 年中国对外直接投资行业分布情况　　　单位：亿美元

行业	2004 年	2005 年	2006 年	2007 年	2008 年	2009 年	2010 年	2011 年	2012 年	2013 年
农、林、牧、渔业	2.89	1.05	1.85	2.72	1.72	3.43	5.34	7.98	14.61	18.13
采矿业	18.00	16.75	85.40	40.63	58.24	133.43	57.15	144.46	135.44	248.08
制造业	7.56	22.80	9.07	21.27	17.66	22.41	46.64	70.41	86.67	71.97
电力、热力、燃气及水生产和供应业	0.78	0.08	1.19	1.51	13.13	4.68	10.06	18.75	19.35	6.80
建筑业	0.48	0.82	0.33	3.29	7.33	3.60	16.28	16.48	32.45	43.64
服务业	25.3	81.1	113.81	195.64	460.99	397.94	552.64	488.46	589.50	689.81

资料来源：根据历年《中国统计年鉴》自行整理。

可见，不论是中国内向 FDI 还是外向 FDI，服务业已成为其流动的主要行业，服务业内向 FDI 和外向 FDI 在双向 FDI 中所占的规模越来越多，比重越来越大。随着国际分工的不断深化和经济全球化的飞速发展，加上产业结构的不断调整，外国直接投资的重心已经向服务业转移，特别是中国加入 WTO以来，中国逐步扩大服务业领域使得服务业成为外国直接投资的重点行业，服务业跨国企业已经成为国际直接投资的主体，在国际直接投资中占据了主导性地位。基于此，本书接下来有必要对中国服务业的双向 FDI 流动现状进行剖析，深入了解服务业细分行业中双向 FDI 的流动情况，探寻服务业双向 FDI 流动的均衡性，以此了解中国服务业双向 FDI 流动的现状和存在的问题。

3.1.2 中国双向 FDI 流动的区域分布

接下来我们将分析中国利用外资和对外投资的区域分布状况，表 3 - 3 和表 3 - 4 列出了按主要国别（地区）分的中国实际利用外资和对外直接投资情况，我们主要选取了几个比较重要（数额较大）的国家或地区，以此分析中国双向 FDI 流动的区域结构。

表 3 - 3 是中国的实际利用外资区域分布状况，2004 年来自其他地区（非洲、拉丁美洲、大洋洲等）的外商直接投资额为 175.47 亿美元，占中国实际利用外资总额的比重为 28.94%，2004 年中国实际利用外资的主要来源地还有新加坡、日本、韩国、美国、德国、英国、法国、荷兰等，各地区投入中国的外商直接投资额分别为 20.08 亿美元、54.52 亿美元、62.48 亿美元、39.41 亿美元、10.58 亿美元、7.93 亿美元、6.57 亿美元和 8.11 亿美元。2013 年来自其他地区（非洲、拉丁美洲、大洋洲等）的外商直接投资额为174.43 亿美元，占中国实际利用外资总额的比重为 14.83%，比 2004 年下降了 14.11 个百分点。2013 年中国实际利用外资的主要来源地还有新加坡、日本、韩国、美国、德国、英国、法国、荷兰等，各地区投入中国的外商直接投资额分别为 72.29 亿美元、70.58 亿美元、30.54 亿美元、28.20 亿美元、20.78 亿美元、3.92 亿美元、7.52 亿美元和 12.75 亿美元。虽然各来源地的外资总额有所增加，但从占比来看，2004~2013 年除了新加坡外，其他来源地的比重都呈现下降趋势，特别是韩国对我国的投资比重下降最多（从 2004

年的 10.31% 下降到了 2013 年的 2.6%）。整体来看，欧洲各国在我国的投资规模和比重都较低，可能是因为欧洲国家的投资方向都集中在发达国家，投向发展中国家的数额和比重都较小。

表 3 - 3　　　　　　按主要国别分的中国实际利用外资额　　　　　单位：亿美元

国别（地区）	2004 年	2005 年	2006 年	2007 年	2008 年	2009 年	2010 年	2011 年	2012 年	2013 年
新加坡	20.08	22.04	22.60	31.85	44.35	36.05	54.28	60.97	63.05	72.29
日本	54.52	65.30	45.98	35.89	36.52	41.05	40.84	63.30	73.52	70.58
韩国	62.48	51.68	38.95	36.78	31.35	27.00	26.92	25.51	30.38	30.54
美国	39.41	30.61	28.65	26.16	29.44	25.55	30.17	23.69	25.98	28.20
德国	10.58	15.30	19.79	7.34	9.00	12.17	8.88	11.29	14.51	20.78
英国	7.93	9.65	7.26	8.31	9.14	6.79	7.10	5.82	4.10	3.92
法国	6.57	6.15	3.83	4.56	5.88	6.54	12.38	7.69	6.52	7.52
荷兰	8.11	10.44	8.41	6.17	8.62	7.41	9.14	7.61	11.44	12.75
其他	175.47	191.07	231.05	295.85	320.30	258.21	237.21	227.40	203.58	174.43

资料来源：根据历年《中国统计年鉴》自行整理。

　　表 3 - 4 是中国的对外直接投资区域分布状况，2004 年中国向其他地区（非洲、拉丁美洲、大洋洲等）输入的对外直接投资额为 54.38 亿美元，占中国对外直接投资总额的比重为 63.51%，2004 年中国 OFDI 的主要输入地还有新加坡、日本、韩国、加拿大、美国、德国、英国、法国、俄罗斯、澳大利亚等，各地区接收中国的对外直接投资额分别为 0.48 亿美元、0.15 亿美元、0.4 亿美元、0.05 亿美元、1.20 亿美元、0.28 亿美元、0.29 亿美元、0.10 亿美元、0.77 亿美元和 1.25 亿美元。2013 年中国向其他地区（非洲、拉丁美洲、大洋洲等）输入的对外直接投资额为 303.31 亿美元，占中国对外直接投资总额的比重为 28.12%，比 2004 年下降了 35.39 个百分点。2013 年中国 OFDI 的主要输入地还有新加坡、日本、韩国、加拿大、美国、德国、英国、法国、俄罗斯、澳大利亚等，各地区接收中国的对外直接投资额分别为 20.33 亿美元、4.34 亿美元、2.69 亿美元、10.09 亿美元、38.73 亿美元、9.11 亿美元、14.20 亿美元、2.60 亿美元、10.22 亿美元和 34.58 亿美元。从占比来看，2004 ~ 2013 年除了韩国外，其他输入地的比重都有所上升，但上升幅度都较

小。整体来看,中国向欧洲各国输入的外商直接投资规模和比重都较低,大部分还是分布在亚洲和拉丁美洲,地区分布极不均衡,中国对发达国家的对外直接投资规模和比重均较低。

表 3 - 4 　　　　　按主要国别（地区）分的中国对外直接投资额　　　单位:亿美元

国别（地区）	2004 年	2005 年	2006 年	2007 年	2008 年	2009 年	2010 年	2011 年	2012 年	2013 年
新加坡	0.48	0.20	1.32	3.98	15.51	14.14	11.19	32.69	15.19	20.33
日本	0.15	0.17	0.39	0.39	0.59	0.84	3.38	1.49	2.11	4.34
韩国	0.40	5.89	0.27	0.57	0.97	2.65	−7.22	3.42	9.42	2.69
加拿大	0.05	0.32	0.35	10.33	0.07	6.13	11.42	5.54	7.95	10.09
美国	1.20	2.32	1.98	1.96	4.62	9.09	13.08	18.11	40.48	38.73
德国	0.28	1.29	0.77	2.39	1.83	1.79	4.12	5.12	7.99	9.11
英国	0.29	0.25	0.35	5.67	0.17	1.92	3.30	14.20	27.75	14.20
法国	0.10	0.06	0.06	0.09	0.31	0.45	0.26	34.82	1.54	2.60
俄罗斯	0.77	2.03	4.52	4.78	3.95	3.48	5.68	7.16	7.85	10.22
澳大利亚	1.25	1.93	0.88	5.32	18.92	24.36	17.02	31.65	21.73	34.58
其他	54.38	99.93	131.40	92.30	125.76	144.44	240.83	235.79	223.65	303.31

资料来源:根据历年《中国统计年鉴》自行整理。

从以上分析可以看出,中国从发达国家引入的外资和投向的外资规模都较小,比重也较低。中国双向 FDI 流动的区域分布极不均衡,引用外资和对外投资结构都亟待完善。

3.1.3　中国双向 FDI 流动的国际比较

表 3 - 5 列出了全球、发展中国家以及我国在 2000 ~ 2013 年的实际利用外资情况。就全球来说,2000 年共吸引外商直接投资 14149 亿美元,2001 年下降到 8377 亿美元,中间有升有降,2013 年共吸引外商直接投资 14519 亿美元,同比上升 9.10%,但与 2000 年相比仅增长了 2.60 个百分点。对于发展中国家来说,2000 年吸收内向 FDI 的总额为 2666 亿美元,2013 年吸收内向FDI 的总额直接达到了 7784 亿美元,同比增长 6.7%,但与 2000 年相比,增长了将近 3 倍。中国一直以来吸引外资的规模都比较小,从 1979 年开始吸引

外资到 80 年代末，吸引外资额占全球的比重平均不到 1%。2000 年中国实际利用外资额 407.15 亿美元，此后逐年呈上升趋势，2013 年实际利用外资额达到了 1175.86 亿美元，此期间直接增长 2.89 倍，年均增长速度达到了 8.5%，要高于全球国际直接投资流入量的年均增长速度。

表 3 – 5　　　　中国实际利用外资的国际比较（2000 ~ 2013 年）

年份	全球（亿美元）	发展中国家（亿美元）	中国（亿美元）	占全球比重（%）	占发展中国家比重（%）
2000	14149	2666	407.15	2.88	15.27
2001	8377	2262	468.78	5.60	20.73
2002	6288	1723	527.43	8.39	30.61
2003	6043	1975	535.05	8.85	27.10
2004	7377	2846	606.30	8.22	21.30
2005	9967	3414	603.25	6.05	17.67
2006	14816	4329	630.21	4.25	14.56
2007	20019	5912	747.68	3.73	12.65
2008	18188	6688	923.95	5.08	13.82
2009	12218	5326	900.33	7.37	16.91
2010	14223	6482	1057.35	7.43	16.31
2011	17001	7248	1160.11	6.82	16.01
2012	13303	7294	1117.16	8.40	15.32
2013	14519	7784	1175.86	8.10	15.11

资料来源：联合国贸易和发展会议（UNCTAD）官方数据库。

2000 年我国外商直接投资（内向 FDI）占全球外商直接投资额的比重为 2.88%，2001 年上升到 5.60%，2003 年到达顶峰（8.85%），然后开始下降，2013 年回升到 8.10%。可见中国实际利用外资占全球的比重整体是上升的。2000 年我国外商直接投资占发展中国家吸引外商直接投资额的比重为 15.27%，2001 年上升到 20.73%，2002 年达到顶峰（30.61%），也就是说 2002 年我国吸引外资额占了所有发展中国家吸引外资额的 1/4 多。2013 年的比重虽然略有下降（15.11%），但可以明显看出我国不仅成为全球 FDI 的主要集聚地之一，而且也成为吸引内向 FDI 最多的发展中国家。

表 3 - 6 列出了全球、发展中国家以及我国在 2000～2013 年的对外直接投资状况。就全球来说，2000 年对外直接投资规模为 12412 亿美元，2001 年下降到 7588 亿美元，中间有升有降，2007 年对外直接投资规模最大（22672 亿美元），2013 年对外直接投资额为 14108 亿美元，同比增长 4.76%，与 2000 年相比增长了 13.66 个百分点，2000～2013 年均增长速度不到 1%。对于发展中国家来说，2000 年对外直接投资额为 1474 亿美元，2013 年对外直接投资额为 4541 亿美元，同比增长 3.16%，但与 2000 年相比，增长了 3 倍之多。与利用外资相比，中国的对外直接投资一直以来都比较落后，不仅规模小，发展速度也慢。2005 年之前对外直接投资额占全球的比重一直以来都不到 1%。2000 年中国对外直接投资额仅为 9.16 亿美元，此后逐年呈上升趋势，2013 年对外直接投资额达到了 1078.44 亿美元，增长倍数达到了 117.7 倍，年均增长速度更是达到了 44.3%，要远远高于全球国际直接投资流出量的年均增长速度。

表 3 - 6   2000～2013 年中国对外直接投资的国际比较

年份	全球 （亿美元）	发展中国家 （亿美元）	中国 （亿美元）	占全球比重 （%）	占发展中国家 比重（%）
2000	12412	1474	9.16	0.07	0.62
2001	7588	918	17.82	0.23	1.94
2002	5281	447	25.18	0.48	5.64
2003	5807	518	28.55	0.49	5.51
2004	9198	1136	54.98	0.60	4.84
2005	9043	1410	122.61	1.36	8.69
2006	14253	2425	211.60	1.48	8.72
2007	22672	3271	265.10	1.17	8.10
2008	19993	3384	559.10	2.80	16.52
2009	11712	2767	565.30	4.83	20.43
2010	14676	4209	688.11	4.69	16.35
2011	17117	4226	746.54	4.36	17.67
2012	13467	4402	878.04	6.52	19.95
2013	14108	4541	1078.44	7.64	23.75

资料来源：联合国贸易和发展会议（UNCTAD）官方数据库。

2000 年我国对外直接投资（外向 FDI）占全球对外直接投资额的比重仅为 0.07%，2001 年上升到 0.23%，逐年呈上升趋势，2013 年达到了 7.64%。可见与前期相比中国对外直接投资占全球的比重已经有了明显的改观和提升。2000 年我国对外直接投资占发展中国家对外直接投资的比重仅为 0.62%，2001 年上升到 1.94%，2013 年更是达到了 23.75%，也就是说中国不仅是引资大国，对外投资方面也有了显著成就。中国除了是发展中国家中利用外资最多的国家，同时也是对外投资最多的国家，其实早在 2012 年中国已经成为全球三大对外投资国之一，2013 年更是蝉联世界第三大对外投资国。

表 3 – 7 列出了 2000 ~ 2013 年全球、发展中国家、除中国外的发展中国家、发达国家以及我国的外商直接投资流出量与流入量之比。可以看出，2000 ~ 2013 年间全球的外商直接投资流出量与流入量之比为 0.84 ~ 1.25，发展中国家的外商直接投资流出量与流入量之比为 0.26 ~ 0.65，除中国外的发展中国家的外商直接投资流出量与流入量之比为 0.34 ~ 0.66，发达国家的外

表 3 – 7　　　　　2000 ~ 2013 年全球对外直接投资与实际利用外资之比

年份	全球	发展中国家	发展中国家（除中国外）	发达国家	中国
2000	0.88	0.55	0.65	0.95	0.02
2001	0.91	0.41	0.47	1.10	0.04
2002	0.84	0.26	0.35	1.07	0.05
2003	0.96	0.26	0.34	1.33	0.05
2004	1.25	0.40	0.48	1.87	0.09
2005	0.91	0.41	0.48	1.19	0.20
2006	0.96	0.56	0.61	1.16	0.34
2007	1.13	0.55	0.59	1.43	0.35
2008	1.10	0.51	0.50	1.55	0.61
2009	0.96	0.52	0.50	1.37	0.63
2010	1.03	0.65	0.66	1.41	0.65
2011	1.01	0.58	0.58	1.38	0.64
2012	1.01	0.60	0.58	1.65	0.79
2013	0.97	0.58	0.54	1.52	0.92

资料来源：根据联合国贸易和发展会议（UNCTAD）官方数据库自行整理。

商直接投资流出量与流入量之比为 0.95 ~ 1.87，中国的外商直接投资流出量与流入量之比为 0.02 ~ 0.92。全球的利用外资与对外投资规模基本相当，发达国家的对外投资规模都大于利用外资规模（除了 2000 年），而发展中国家的利用外资规模要大于对外投资规模。

国际投资经验表明，一国要进行大量的对外投资就需要有相当数量的利用外资与其相对应，对外投资规模与利用外资规模一般以 1.1 : 1 为宜。而对于中国而言，在 2007 年之前中国对外投资规模要严重小于利用外资规模，这不仅低于世界平均水平，且在 2007 年之前要低于发展中国家的平均水平，更与发达国家相去甚远。但 2007 年之后中国外商直接投资流出量与流入量之比逐渐上升，2008 年首次超过了发展中国家的平均水平（中国为 0.61，发展中国家平均水平为 0.51），2013 年中国对外直接投资规模与利用外资规模首次接近均衡（分别为 1175.86 亿美元和 1078.44 亿美元），外商直接投资流出量与流入量之比达到了最大值 0.92，这表明中国对外投资规模已经有了赶超利用外资的趋势。就 2014 年来说，我国实际对外投资的总额已经高出利用外资总额 200 亿美元，成为了资本的净输出国。

3.2 服务业双向 FDI 的行业匹配度分析

利用外资与对外投资之间存在相互影响、相互依赖、相互促进的关系，两者都是为了实现跨国资本的双向流动和均衡协调发展。从某种意义上来说，利用外资是对外投资的基础，对外投资是利用外资的深化和发展。大规模数量的对外投资必须有相当数量的利用外资与其相对应，国际直接投资经验也表明，一个发达经济体中对外投资与利用外资的比例以 1.1 : 1 为宜。那么中国服务业内向 FDI 和外向 FDI 的规模状况如何，行业分布是否均衡，服务业对外投资与服务业利用外资的比例是否适宜，这是本节所要讨论的关键问题。

3.2.1 中国服务业双向 FDI 流动的规模状况

随着我国利用外资和对外投资规模的不断扩大，无论是服务业内向 FDI 还是外向 FDI 均取得了快速的发展。据《中国统计年鉴2005》统计，2004 年我国对外直接投资流量总额仅为 54.98 亿美元，其中服务业对外直接投资流量 25.3 亿美元（非金融类），占对外直接投资流量总额的比重为 46%，而 2012 年我国对外直接投资流量总额为 878.04 亿美元，比 2004 年增长了将近 15 倍，年均增长速度达到了 41.39%，服务业对外直接投资流量 589.5 亿美元，占对外直接投资总额的比重为 67.14%，比 2004 年增长了将近 22 倍之多，年均增长速度更是达到了 48.22%。到了 2013 年，服务业对外直接投资规模为 689.8 亿美元，同比增长 17%，比 2004 年增长了 26 倍多，2004～2013 年服务业对外直接投资的年均增长速度为 44.38%。

如图 3-1 所示，2004 年我国内向 FDI 总额为 606.3 亿美元，其中服务业内向 FDI 总额为 140.5 亿美元，占内向 FDI 总额的比重为 23.2%，而 2012 年我国实际利用外资流量总额为 1117.16 亿美元，比 2004 年翻了将近 1 番，年均增长速度为 7.9%，服务业内向 FDI 总额为 572 亿美元，占内向 FDI 总额的比重达到 51.2%，超过了我国利用外资总额的一半，比 2004 年增长了 3 倍多，年均增长速度为 19.18%。到了 2013 年服务业实际利用外资规模达到了 662.16 亿美元，同比增长 15.76%，比 2004 年增长了 3.7 倍，2004～2013 年服务业实际利用外资的年均增长速度为 18.8%。

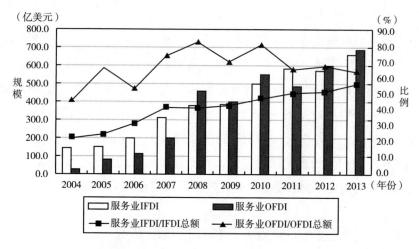

图 3-1　中国服务业内向 FDI 与外向 FDI 对比（2004～2013）

资料来源：根据中国历年统计年鉴自行整理计算。

图 3 - 1 列出了我国 2004 ~ 2013 年服务业利用外资与对外投资的规模与比重状况，从中我们可以看出 2004 ~ 2013 年我国服务业双向投资均呈现增长趋势，服务业内向 FDI 从 2004 年的 140.5 亿美元增长到了 2013 年的 662.16 亿美元，增长了 3.7 倍，外向 FDI 更是从 2004 年的 25.3 亿美元增长到了 2013 年的 689.8 亿美元，增长了 26 倍之多。从年均增长速度来看，2004 ~ 2013 年间服务业外向 FDI 年均增长速度（44.38%）明显优于服务业内向 FDI 年均增长速度（18.8%），这说明我国服务业对外直接投资尽管起步较晚，发展缓慢，但从 2005 年起也出现了稳步快速的增长，国家也越来越重视对外直接投资，积极参与国际市场竞争，用国外先进的技术优势和管理机制来带动经济持续快速的发展。同时我们也能看到中国服务业双向投资发展速度整体上存在严重的不均衡，没有实现服务业利用外资与对外投资的均衡协调发展。

通过计算我国服务业 IFDI 和 OFDI 流量分别占 IFDI 总额和 OFDI 总额的比重我们也可了解中国服务业双向投资的比重情况。2004 年我国服务业 IFDI 流量占 IFDI 总额比重为 23.2%，2007 年增长到了 41.4%，2007 年出现了第一次下降，下降到了 41.1%，随后缓慢持续增长，2011 年服务业 IFDI 首次超过了利用外资总额的一半（50.2%），2012 年达到了 51.2%，2013 年为 56.3%，从总体看呈增长趋势。服务业 OFDI 流量所占 OFDI 总额比重由 2004 年的 46% 增长到了 2005 年的 66.1%，继而下降到 2006 年的 53.8%，在 2008 年达到了最高点 82.5%，2012 年又下降到了 67.1%，2013 年服务业 OFDI 占对外投资总额的比重为 64%，尽管有所波动，但总体也呈增长趋势。这说明我国服务业双向 FDI 比重也存在失衡现象，服务业对外直接投资比重大于服务业实际利用外资比重。因此无论从增速还是比重分析，服务业 IFDI 和 OFDI 都没有实现均衡协调发展。

服务业 FDI 的双向流动实现了我国服务业要素资源的跨国转移，通过要素资源的再配置效应提高了我国服务业要素资源的利用效率，进而促进了我国服务业的发展与增长。首先通过引进外资填补了我国服务业发展的资金和资本缺口，扩大了国内的有效需求；其次带动了我国服务贸易的发展，通过获取国外的先进生产技术、管理经验和研发技术，提高了服务业生产率，增强了我国服务业参与国际市场的竞争能力。而在我国服务业引进外资与利用外资的过程中，出现了结构不对称现象，这将会在一定程度上制约我国服务业的进一步发展，这就需要我国政府在今后注重服务业双向投资结构体系的战略性调整。

3.2.2 中国服务业双向 FDI 流动的行业分布

对中国服务业双向 FDI 的规模和比重分析之后，我们将对服务业细分行业的双向 FDI 现状进行探究，表 3 - 8 列出了中国服务业分行业的内向 FDI 情况。从中可以看出，中国服务业内向 FDI 分布比较集中，基本都聚集在批发和零售业、房地产业、租赁和商务服务业，而其他行业的实际利用外资额较小。2004 年批发和零售业利用外资 7.40 亿美元，2013 年利用外资 115.11 亿美元，增长了将近 15 倍，年均增长速度达到了 35.65%；2004 年房地产业利用外资 59.50 亿美元，2013 年利用外资 287.90 亿美元，年均增长速度达到了 19.15%；2004 年租赁和商务服务业利用外资 28.24 亿美元，2013 年利用外资 103.62 亿美元，年均增长速度为 15.54%。

表 3 - 8 　　　　　　　中国服务业分行业实际利用外资　　　　　　单位：亿美元

行业类别	2004 年	2005 年	2006 年	2007 年	2008 年	2009 年	2010 年	2011 年	2012 年	2013 年
交通运输、仓储和邮政业	12.73	18.12	19.85	20.07	28.51	25.27	22.44	31.91	34.74	42.17
信息传输、计算机服务和软件业	9.16	10.15	10.70	14.85	27.75	22.47	24.87	26.99	33.58	28.81
批发和零售业	7.40	10.39	17.89	26.77	44.33	53.90	65.96	84.25	94.62	115.11
住宿和餐饮业	8.41	5.60	8.28	10.42	9.39	8.44	9.35	8.43	7.02	7.72
金融业	2.52	2.20	2.94	2.57	5.73	4.56	11.23	19.10	21.19	23.30
房地产业	59.50	54.18	82.30	170.9	185.9	167.9	239.8	268.8	241.2	287.90
租赁和商务服务业	28.24	37.45	42.23	40.19	50.59	60.78	71.30	83.82	82.11	103.62
科学研究、技术服务和地质勘查业	2.94	3.40	5.04	9.17	15.06	16.74	19.67	24.58	30.96	27.50
水利、环境和公共设施管理业	2.29	1.39	1.95	2.73	3.40	5.56	9.09	8.64	8.50	10.36

续表

行业类别	2004 年	2005 年	2006 年	2007 年	2008 年	2009 年	2010 年	2011 年	2012 年	2013 年
居民服务和其他服务业	1.58	2.60	5.04	7.23	5.70	15.86	20.53	18.84	11.65	6.56
教育	0.38	0.18	0.29	0.32	0.36	0.13	0.08	0.04	0.34	0.18
卫生、社会保障和社会福利业	0.87	0.39	0.15	0.12	0.19	0.43	0.90	0.78	0.64	0.64
文化、体育和娱乐业	4.48	3.05	2.41	4.51	2.58	3.18	4.36	6.35	5.37	8.21

资料来源：根据历年中国统计年鉴自行整理。

从服务业细分行业利用外资额占服务业利用外资总额的比重来看，2004 年占比最高的行业为房地产业（42.34%），其次是租赁和商务服务业（20.10%），占比最小的行业为教育（0.27%）；2013 年占比最高的行业仍然是房地产业（43.48%），其次是批发和零售业（17.38%）以及租赁和商务服务业（15.65%），占比最小的行业仍为教育（仅有 0.03%）。也就是说房地产业以及租赁和商务服务业占据了服务业利用外资总额的 60% 以上，2010 年两者占比更是达到了将近 70%，表明服务业利用外资的行业结构过于集中，而忽视了其他细分行业（比如教育，卫生、社会保障和社会福利业等）。有些服务行业 IFDI 还出现了负增长，这可能是我国的这些服务业领域涉及经济和政治安全以及国家的动荡，所以对利用外资在政策方面有必要的进行限制。

表 3 - 9 列出了中国服务业分行业的外向 FDI 状况，可以看出中国服务业外向 FDI 主要集中于批发和零售业、金融业以及租赁和商务服务业，其他服务行业的对外直接投资额较小。2004 年批发和零售业的对外直接投资额为 8 亿美元，2013 年对外直接投资额为 146.47 亿美元，比 2004 年增长了 17 倍，年均增长速度达到了 38.13%；2006 年金融业对外投资额为 35.30 亿美元，2013 年对外投资额为 151.05 亿美元，年均增长速度为 23.08%；2004 年租赁和商务服务业对外投资额为 7.49 亿美元，2013 年对外投资额为 270.56 亿美元，年均增长速度更是达到了 48.96%。2004 ~ 2013 年年均增长速度最高的行业为卫生、社会保障和社会福利业（281.21%），其次是房地产业（96.62%），然后依次为文化、体育和娱乐业（89.23%），水利、环境和公共设施管理业（73.84%），科学

研究、技术服务和地质勘查业（66.73%），信息传输、计算机服务和软件业（52.72%），住宿和餐饮业（51.08%），最后是居民服务和其他服务业（32.78%）以及交通运输、仓储和邮政业（16.62%）。

表 3-9　　　　　　　　　中国服务业分行业对外直接投资　　　　　　单位：亿美元

行业类别	2004 年	2005 年	2006 年	2007 年	2008 年	2009 年	2010 年	2011 年	2012 年	2013 年
交通运输、仓储和邮政业	8.29	5.77	13.76	40.65	26.56	20.68	56.55	25.64	29.88	33.07
信息传输、计算机服务和软件业	0.31	0.15	0.48	3.04	2.99	2.78	5.06	7.76	12.40	14.01
批发和零售业	8.00	22.60	11.14	66.04	65.14	61.36	67.29	103.24	130.49	146.47
住宿和餐饮业	0.02	0.08	0.03	0.10	0.30	0.75	2.18	1.17	1.37	0.82
金融业	—	—	35.30	16.68	140.48	87.34	86.27	60.71	100.71	151.05
房地产业	0.09	1.16	3.84	9.09	3.39	9.38	16.13	19.74	20.18	39.53
租赁和商务服务业	7.49	49.42	45.22	56.07	217.17	204.74	302.81	255.97	267.41	270.56
科学研究、技术服务和地质勘查业	0.18	1.29	2.82	3.04	1.67	7.76	10.19	7.07	14.79	17.92
水利、环境和公共设施管理业	0.01	0.0013	0.08	0.03	1.41	0.04	0.72	2.55	0.34	1.45
居民服务和其他服务业	0.88	0.63	1.12	0.76	1.65	2.68	3.21	3.29	8.90	11.29
教育	—	—	0.02	0.09	0.02	0.02	0.02	0.20	1.03	0.36
卫生、社会保障和社会福利业	0.0001	—	0.0018	0.01	—	0.02	0.34	0.06	0.05	0.17
文化、体育和娱乐业	0.01	0.0098	0.01	0.05	0.22	0.20	1.86	1.05	1.96	3.11

注："—"表示对外直接投资额无统计或者为零。

资料来源：根据历年中国统计年鉴自行整理。

从服务业分行业对外投资额占服务业对外投资总额的比重来看，2004 年占比最高的行业为交通运输、仓储及邮政业（32.77%），其次是批发和零售业（31.6%）以及租赁和商务服务业（29.6%），占比最小的行业为卫生、社会保障和社会福利业；2013 年占比最高的行业是租赁和商务服务业

（39.22%），其次是金融业（21.9%），占比最小的行业为卫生、社会保障和社会福利业（0.02%）。就是说金融业以及租赁和商务服务业占据了服务业对外投资总额的 60% 以上，表明服务业对外投资的行业结构同样过于集中，其他行业对外投资所占比重太少。

图 3 - 2 和图 3 - 3 显示了 2013 年中国服务业利用外资和对外投资的行业分布情况，可以看出 2013 年我国服务业利用外资主要集中在房地产业、批发和零售业、租赁和商务服务业，而对外投资主要集中在金融业、批发和零售

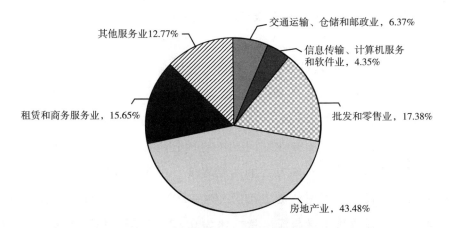

图 3 - 2　2013 年中国服务业分行业利用外资情况

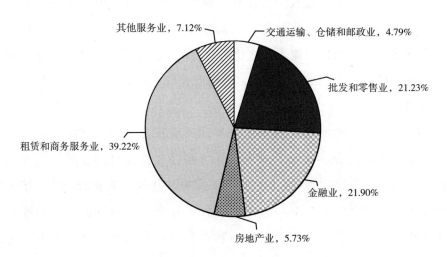

图 3 - 3　2013 年中国服务业分行业对外投资情况

业、租赁和商务服务业。不管是服务业利用外资还是对外投资，批发和零售业以及租赁和商务服务业都是我国服务业的重点引资和投资行业。这充分说明了我国服务业在双向投资方面存在的问题，即行业分布过于集中，行业分布结构不合理，主要集中在一些技术含量不高的行业，而技术含量较高的科学研究、技术服务和地质勘查业在 2013 年的利用外资额和对外投资额仅有 27.50 亿美元和 17.92 亿美元（如表 3-8、表 3-9 所示），所占比重也仅为 4.15% 和 2.6%。进一步说明我国的服务业利用外资和对外投资政策和体制有待进一步完善和转变，从而提高服务业双向投资的效益。

3.2.3 中国服务业双向 FDI 的行业匹配状况

如前文所述，一个成熟的经济体对外投资和利用外资的比重以 1.1：1 为宜，接下来我们将对服务业双向 FDI 的行业匹配状况加以分析，探究服务业分行业利用外资和对外投资的匹配程度。表 3-10 列出了我国服务业分行业的对外投资与利用外资之比，2004~2013 年交通运输、仓储和邮政业的外商直接投资流出量与流入量之比为 0.32~2.52，信息传输、计算机服务和软件业的外商直接投资流出量与流入量之比为 0.01~0.49，批发和零售业的外商直接投资流出量与流入量之比为 0.62~2.47，住宿和餐饮业的外商直接投资流出量与流入量之比为 0~0.23，金融业的外商直接投资流出量与流入量之比为 3.18~24.52，房地产业的外商直接投资流出量与流入量之比为 0~0.14，租赁和商务服务业的外商直接投资流出量与流入量之比为 0.27~4.29，科学研究、技术服务和地质勘查业的外商直接投资流出量与流入量之比为 0.06~0.65，水利、环境和公共设施管理业的外商直接投资流出量与流入量之比为 0~0.41，居民服务和其他服务业的外商直接投资流出量与流入量之比为 0.11~1.72，教育的外商直接投资流出量与流入量之比为 0.06~5.00，卫生、社会保障和社会福利业的外商直接投资流出量与流入量之比为 0~0.38，文化、体育和娱乐业的外商直接投资流出量与流入量之比为 0~0.43。

表 3 – 10   中国服务业分行业对外投资与利用外资之比

行业类别	2004 年	2005 年	2006 年	2007 年	2008 年	2009 年	2010 年	2011 年	2012 年	2013 年
交通运输、仓储和邮政业	0.65	0.32	0.69	2.03	0.93	0.82	2.52	0.80	0.86	0.78
信息传输、计算机服务和软件业	0.03	0.01	0.04	0.20	0.11	0.12	0.20	0.29	0.37	0.49
批发和零售业	1.08	2.18	0.62	2.47	1.47	1.14	1.02	1.23	1.38	1.27
住宿和餐饮业	0.00	0.01	0.00	0.01	0.03	0.09	0.23	0.14	0.20	0.11
金融业	—	—	12.01	6.49	24.52	19.15	7.68	3.18	4.75	6.48
房地产业	0.00	0.02	0.05	0.05	0.02	0.06	0.07	0.07	0.08	0.14
租赁和商务服务业	0.27	1.32	1.07	1.40	4.29	3.37	4.25	3.05	3.26	2.61
科学研究、技术服务和地质勘查业	0.06	0.38	0.56	0.33	0.11	0.46	0.52	0.29	0.48	0.65
水利、环境和公共设施管理业	0.00	0.00	0.04	0.01	0.41	0.01	0.08	0.30	0.04	0.14
居民服务和其他服务业	0.56	0.24	0.22	0.11	0.29	0.17	0.16	0.17	0.76	1.72
教育	—	—	0.07	0.28	0.06	0.15	0.25	5.00	3.03	2.00
卫生、社会保障和社会福利业	0.00	—	0.00	0.08	—	0.05	0.38	0.08	0.08	0.27
文化、体育和娱乐业	0.00	0.00	0.00	0.01	0.09	0.06	0.43	0.17	0.36	0.38

资料来源：根据历年中国统计年鉴计算整理。

可以看出我国服务业各分行业的利用外资与对外投资不相匹配，就 2013 年来说，金融业的对外投资与利用外资之比为 6.48，而房地产业的对外投资与利用外资之比仅为 0.14，住宿和餐饮业的为 0.11。有些服务行业对外投资额远远大于利用外资额，比如金融业（2013 年对外投资 151.05 亿美元，而实际利用外资仅有 23.30 亿美元）、租赁和商务服务业（2013 年对外投资 270.56 亿美元，而实际利用外资为 103.62 亿美元），而有些服务行业的对外投资额远远小于利用外资额，比如住宿和餐饮业（2013 年对外投资 0.82 亿美元，实际利用外资 7.72 亿美元）、房地产业（2013 年对外投资 39.53 亿美元，实际利用外资 287.9 亿美元）。仅有批发和零售业的匹配状况较好（2004 年为

1.08，2013 年为 1.27）。

此外，借鉴产业结构偏离度，我们引入了行业偏离度，即服务业对外投资与利用外资的行业偏离度。在服务业快速发展的过程中，服务业对外投资和利用外资应保持一个相对合理的比例，超过这一合理比例的部分就是服务业双向投资的行业偏离度，计算公式为：服务业双向 FDI 的行业偏离度 =（服务业对外投资比重/服务业利用外资比重）－1。根据计算公式，如果其值为 0，则表示服务业对外投资与利用外资完全匹配，如果其值为正数，则表示服务业对外投资比重大于服务业利用外资比重，如果其值为负数，则表示服务业对外投资比重小于服务业利用外资比重。就大小来说，如果行业偏离度的绝对值越小，说明服务业对外投资与利用外资的匹配度越高，如果行业偏离度的绝对值越大，则说明服务业对外投资与利用外资的匹配度越低。

据此我们测算了中国服务业 2004～2013 年对外投资与利用的行业偏离度。如表 3－11 所示，从绝对值大小来说，金融业在 2006 年的偏离度最大（20.01），然后逐渐缩小，2013 年偏离度为 5.22，批发和零售业在 2010 年的偏离度最小（－0.08）。从变化趋势来看，仅有租赁和商务服务业、居民服务和其他服务业的行业偏离度绝对值呈现增大趋势，说明这两个行业的对外投资与利用外资匹配度越来越差，而其他行业的行业偏离度绝对值呈现缩小趋势，逐渐趋近于零，说明这些行业的对外投资与利用外资匹配性得到了改善。总之，从中国服务业对外投资与利用外资的行业偏离度也可以看出中国服务业分行业对外投资与利用外资的不相匹配，服务业细分行业双向 FDI 的行业匹配状况还有待改善。

表 3－11　　　　　中国服务业对外投资与利用外资的行业偏离度

行业类别	2004 年	2005 年	2006 年	2007 年	2008 年	2009 年	2010 年	2011 年	2012 年	2013 年
交通运输、仓储和邮政业	2.62	－ 0.41	0.21	2.21	－ 0.23	－ 0.21	1.28	－ 0.04	－ 0.17	－ 0.25
信息传输、计算机服务和软件业	－ 0.81	－ 0.97	－ 0.92	－ 0.68	－ 0.91	－ 0.88	－ 0.82	－ 0.66	－ 0.64	－ 0.53
批发和零售业	5.00	3.00	0.09	2.91	0.21	0.10	－ 0.08	0.46	0.34	0.22
住宿和餐饮业	－ 0.99	－ 0.97	－ 0.99	－ 0.98	－ 0.97	－ 0.91	－ 0.79	－ 0.83	－ 0.81	－ 0.90

行业类别	2004 年	2005 年	2006 年	2007 年	2008 年	2009 年	2010 年	2011 年	2012 年	2013 年
金融业	—	—	20.01	9.28	19.18	17.54	5.95	2.79	3.61	5.22
房地产业	−0.99	−0.96	−0.92	−0.92	−0.98	−0.95	−0.94	−0.91	−0.92	−0.87
租赁和商务服务业	0.47	1.43	0.87	1.21	2.53	2.26	2.84	2.64	2.16	1.51
科学研究、技术服务和地质勘查业	−0.66	−0.30	−0.02	−0.47	−0.91	−0.55	−0.53	−0.66	−0.54	−0.37
水利、环境和公共设施管理业	−0.98	−1.00	−0.93	−0.98	−0.66	−0.99	−0.93	−0.65	−0.96	−0.87
居民服务和其他服务业	2.09	−0.55	−0.61	−0.83	−0.76	−0.84	−0.86	−0.79	−0.26	0.65
教育	—	—	−0.88	−0.55	−0.95	−0.85	−0.77	4.96	1.94	0.92
卫生、社会保障和社会福利业	−1.00	—	−0.98	−0.87	—	−0.95	−0.66	−0.91	−0.92	−0.75
文化、体育和娱乐业	−0.99	−0.99	−0.99	−0.98	−0.93	−0.94	−0.61	−0.80	−0.65	−0.64

资料来源：根据历年《中国统计年鉴》计算整理。

3.2.4　中国服务业双向 FDI 的绩效指数分析

投资绩效指数是由联合国贸易和发展会议研究和开发的绩效指数评价指标，通过绩效指数的测算可衡量我国利用外资和对外投资效率的高低，反映我国参与国际市场的竞争力。如果绩效指数大于 1，表明我国在既定的规模经济下，吸引外资和对外投资的国际竞争力较强。如果绩效指数等于 1，表明我国在既定的规模经济下，吸引外资和对外投资的国际竞争力与其经济实力是一致的。如果绩效指数小于 1，表明我国在既定的规模经济下，吸引外资和对外投资的国际竞争力较弱。

我们用 IND_i 来表示服务业利用外资绩效指数，OND_i 来表示服务业对外投资绩效指数，$IFDI_i$ 表示我国服务业实际利用外资流量，$OFDI_i$ 表示我国服务业对外直接投资流量，$IFDI_w$ 表示全球服务业实际利用外资流量，$OFDI_w$ 表示全球服务业对外直接投资流量，GDP_i 表示我国国内生产总值，GDP_w 表示全球生产总值，则双向投资绩效指数可用如下公式计算：

$$IND_i = \frac{IFDI_i/IFDI_w}{GDP_i/GDP_w} \qquad\qquad (3-1)$$

$$OND_i = \frac{OFDI_i/OFDI_w}{GDP_i/GDP_w} \qquad\qquad (3-2)$$

据此我们测算出了我国服务业的双向投资绩效指数（如表 3-12 所示）：

表 3-12　　　　　　2004 ~ 2012 年中国 IND 指数和 OND 指数的值

年份	IND 指数	OND 指数
2004	0.866	0.176
2005	0.583	0.357
2006	0.522	0.340
2007	0.532	0.402
2008	0.605	0.892
2009	1.095	1.420
2010	1.260	1.584
2011	1.152	1.081
2012	1.427	1.670

资料来源：联合国贸易和发展会议网站（http://www.unctad.org/）。

由表 3-12 可知，2009 年之前我国的服务业双向投资绩效指数均小于 1，2009 年之后我国的服务业双向投资绩效指数均大于 1，这表明 2009 年之前我国的服务业利用外资和对外投资国际竞争力较弱，与我国的经济规模和经济实力水平不相匹配，这可能是由于我国的服务业起步和发展均较晚，也是以传统的低端服务业为主，双向投资结构不尽合理等原因造成的。2009 年之后，我国的服务业竞争水平有了显著的较大幅度提高，在全球投资普遍提高的环境背景之下，我国服务业双向投资占比越来越大，越来越多的外资流向服务业，对外投资也更加偏向于对服务业的投资，实现了双向投资的行业结构转移。

3.3　服务业双向 FDI 的因果关系考察

基于服务业内向 FDI 是外向 FDI 的基础，服务业外向 FDI 是内向 FDI 的深化，我们将运用实证分析方法对两者之间的关系进行检验。是服务业内向 FDI 促进了服务业外向 FDI，还是服务业外向 FDI 带动了服务业内向 FDI，两者之间的因果关系如何，两者之间是否存在长期稳定的均衡关系，接下来我们将借助 ADF 检验、协整检验以及 Granger 因果关系检验等计量经济学方法对服务业利用外资（IFDI）和服务业对外投资（OFDI）之间的关系进行探究。

由于我国服务业对外直接投资的数据较难获取，所以我们选取了 2004 ~ 2013 年我国服务业实际利用外资和对外直接投资的总额数据。实际上对于服务业对外直接投资来说，除了受服务业利用外资的影响外，还受到多方面因素的影响，比如母国的服务业发展水平，东道国的市场规模，东道国的政策制度等，而本小节的目的仅是为了检验服务业利用外资对服务业对外投资的单独影响，所以我们将其他控制变量假定为固定值（即保持不变），得到计量模型如下：

$$\ln OFDI_t = \alpha_0 + \alpha_1 \ln IFDI_t + \mu \qquad (3-3)$$

μ 为随机扰动项，为了消除异方差现象，变量均取了相应对数。变量取对数后的时间变化趋势如图 3-4 所示。

3.3.1　单位根检验

根据计量经济学的相关分析，若变量为时间序列数据，回归前得确定时间序列变量是否具有平稳性特征，即时间序列变量不存在时间趋势的变化。如果时间序列变量是非平稳的，那么在进行回归的过程中就有可能产生"伪回归"问题，导致回归结果不够准确不能令人信服。而通常宏观经济系统中

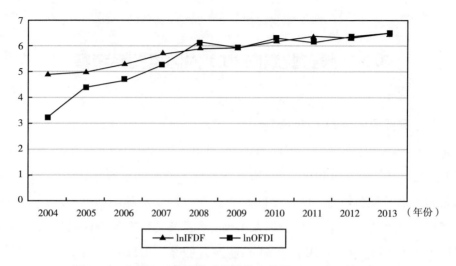

图 3 - 4　变量取对数后的时间趋势变化图（2004 ~ 2013 年）

的时间序列数据都存在非平稳性，如果简单的拿来加以回归，则有可能产生误导性的回归结果。所以在运用时间序列数据回归之前，首先得检验时间序列变量的平稳性。对于时间序列的平稳性检验，运用比较广泛的方法主要是单位根检验。本章我们主要采用 *ADF* 检验（Augmened Dickey-Fuller）对服务业内向 FDI 和外向 FDI 的平稳性进行判断，服务业利用外资和服务业对外投资的单位根检验结果如表 3 - 13 所示。

表 3 - 13　　　　　　　　　　服务业双向 **FDI** 的 *ADF* 检验

变量	检验形式	ADF 统计值	临界值			结论
			1%	5%	10%	
ln*IFDI*	(c, t, 2)	-1.103522	-6.292057	-4.450425	-3.701534	非平稳
Δ ln*IFDI*	(c, t, 1)	-7.072553	-6.292057	-4.450425	-3.701534	平稳 ***
ln*OFDI*	(c, t, 1)	-1.147093	-5.835186	-4.246503	-3.590496	非平稳
Δ ln*OFDI*	(c, t, 0)	-4.439119	-5.835186	-4.246503	-3.590496	平稳 **

注：c 表示常数项；t 表示时间趋势项；k 表示最佳滞后差分阶数（AIC）；Δ 表示服务业利用外资和对外投资变量的一阶差分；*** 、** 分别表示在1%、5%的显著性水平下。

因此可以看出服务业利用外资和对外投资的原始变量不管在任何显著性水平下都存在单位根，都是非平稳的时间序列数据，当取了一阶差分之后，服务业利用外资和对外投资的一阶差分变量分别在1%和5%的显著性水平通过了平稳性检验，成为了一阶单整序列。可见如果不对变量做平稳性检验而进行简单回归则可能产生"伪回归"问题。

3.3.2 协整分析

前文说过对于非平稳时间序列数据，如果不进行平稳性检验而进行简单回归则可能产生"伪回归"现象。为了解决时间序列数据的非平稳性问题，使模型回归结果准确、可靠，就必须要用到一种非平稳序列的新方法—协整理论。使得各时间序列变量之间存在协整关系，而根据计量经济学中协整的相关概念，各时间序列变量必须是同阶单整的。两时间序列数据之间如果存在协整，则表示两变量之间有一种长期均衡关系，反之则相反。根据计量经济学的相关分析，协整检验主要有两变量检验和多变量检验，关于两变量协整的检验，我们主要采用 EG 两步法，也称为恩格尔—格兰杰法，多变量协整的检验主要采用极大似然估计方法（如 Johansen 检验）。EG 两步法的原理在于先通过时间序列的平稳性检验确定两变量之间是否存在同阶单整，若存在则通过协整回归分析检验协整回归的残差项的平稳性，若残差序列具有平稳性，则表示两变量之间存在协整关系。

从表 3–14 中可以看出，在 5% 的显著性水平下，残差序列拒绝非平稳，协整回归的残差序列项是平稳的。所以服务业利用外资和对外投资之间存在长期稳定的均衡关系，其协整回归方程如下：

$$\ln OFDI = -5.028361 + 1.80898 \ln IDFI$$

$$t\ 值:\quad -4.111335 \qquad 8.659918$$

由协整方程可知，服务业利用外资对服务业对外投资存在正向的长期影响，服务业利用外资每增加 1 个百分点，服务业对外投资将增加 1.80898 个百分点，服务业利用外资显著促进了服务业对外投资的增长。这与前文我们分析得出服务业利用外资是对外投资的基础，服务业利用外资通过促进服务业生产率的提升为对外投资提供了生产率优势也是相一致的。

表 3 − 14 　　　　　　　　　　　　　EG 两步法协整检验结果

变量	检验形式	ADF 统计值	临界值			结论
			1%	5%	10%	
协整回归的残差序列	(c, t, 0)	−4.643576	−5.835186	−4.246503	−3.590496	平稳**

注：c 表示常数项；t 表示时间趋势项；k 表示最佳滞后差分阶数（AIC）；** 表示在 5% 显著性水平下拒绝非平稳的原假设。

3.3.3　Granger 因果关系检验

通过协整分析我们看到服务业对外投资和利用外资之间有一种长期稳定的趋势，那么服务业利用外资和对外投资之间的关系如何，是否有因果关联呢，接下来我们还要对服务业利用外资和对外投资之间的因果关系加以验证。是服务业利用外资促进了服务业对外投资，还是服务业对外投资带动了服务业利用外资，还是二者之间存在相互的因果关系，仍需要做进一步分析。一般地，如果变量 x 是变量 y 的（格兰杰）原因，那么变量 x 应该优先于变量 y 发生变动，也就是说，如果在变量 y 对变量 x 的回归方程中，加入变量 x 的滞后值后，滞后值能显著促进变量 y 的变化，那么变量 x 就是变量 y 的（格兰杰）原因。对服务业利用外资和服务业对外投资的 Granger 因果关系检验如表 3 − 15 所示。

表 3 − 15　　　　服务业利用外资和对外投资的 Granger 因果关系检验结果

关系	原假设	滞后阶数	F 统计量	概率值	结论
$\ln IFDI$ 与 $\ln OFDI$	$\ln IFDI$ 不是 $\ln OFDI$ 的 Granger 原因	1	4.55544	0.0702	拒绝原假设
		2	4.96626	0.0824	拒绝原假设
	$\ln OFDI$ 不是 $\ln IFDI$ 的 Granger 原因	1	0.44361	0.5267	接受原假设
		2	1.22836	0.3838	接受原假设

从表 3 − 15 中可以看出，取滞后阶数为 1 和 2 时，服务业利用外资都是服务业对外投资的 Granger 原因（检验结果均在 10% 的显著性水平下显著），也就是说服务业利用外资能在短期内显著促进服务业对外投资。而不管滞后阶

数取 1 还是取 2，服务业对外投资都不是服务业利用外资的 Granger 原因，我们认为服务业对外投资可能要在长时期内才能对利用外资产生影响，而本书受限于数据的可获取性，在 Granger 因果关系检验时，无法获取更长的时间滞后期，使得数据无法直观反映服务业对外投资对服务业利用外资的带动作用。其实根据计量经济学的相关原理，在对变量进行 Granger 因果关系检验时，确实需要注意另外两个因素：即被检验变量的平稳性和样本容量的长度问题。

3.4　本章小结

本章对中国服务业利用外资和对外投资的发展现状进行了比较分析，主要结论有：

不论是中国内向 FDI 还是外向 FDI，服务业已成为其流动的主要行业，服务业内向 FDI 和外向 FDI 在双向 FDI 中所占的规模越来越多，比重越来越大。根据《中国统计年鉴 2013》，可以看出 2013 年服务业实际利用外资 455.55 亿美元，占利用外资总额的比重为 38.74%，2004～2013 年服务业实际利用外资额年均增长速度达到了 18.79%。2013 年服务业对外直接投资 689.81 亿美元，占对外投资总额的比重为 63.96%，2004～2013 年服务业对外直接投资额年均增长速度达到了 44.38%。随着国际分工的不断深化和经济全球化的飞速发展，加上产业结构的不断调整，外国直接投资的重心已经向服务业转移，特别是中国加入世界贸易组织（World Trade Organization，WTO）以来，中国逐步扩大服务业领域使得服务业成为外国直接投资的重点行业，服务业跨国企业已经成为国际直接投资的主体，在国际直接投资中占据了主导性地位。中国双向 FDI 流动的区域分布极不均衡，特别是对欧洲各国的双向 FDI 规模和比重都非常小，双向投资结构有待完善。

国际投资经验表明，一国要进行大量的对外投资就需要有相当数量的利用外资与其相对应，对外投资规模与利用外资规模一般以 1.1∶1 为宜。而对于中国而言，中国对外投资规模要严重小于利用外资规模，这不仅低于世界平均水平，且在 2007 年之前要低于发展中国家的平均水平，更与发达国家相去甚远。但 2007 年之后中国外商直接投资流出量与流入量之比逐渐上升，2008 年首次超过了发展中国家的平均水平（中国为 0.61，发展中国家平均水平为 0.51），2013 年中国对外直接投资规模与利用外资规模首次接近均衡（分别为 1175.86 亿美元和 1078.44 亿美元），外商直接投资流出量与流入量之比达到了最大值 0.92，这表明中国对外投资规模已经有了赶超利用外资的趋势。2014 年我国实际外向 FDI 的规模总额已经超过了内向 FDI 总额 200 亿美元，实现了外向 FDI 对内向 FDI 的赶超，成为 FDI 的净输出国。

在中国利用外资和对外投资激增的大环境下，中国服务业双向投资也发展迅速，实现了由制造业向服务业的转移。我国历来重视利用外资而忽视了对外投资，但是近年来，对外投资增幅明显，且服务业对外投资的增长速度已经超过了利用外资的增长速度，2004～2013 年服务业对外直接投资的年均增长速度为 44.38%，服务业实际利用外资的年均增长速度为 18.8%，服务业双向投资发展速度整体上存在严重的不均衡（实际上，无论从增速、规模还是比重来说，服务业双向投资都没有实现均衡协调发展）。相对于发达国家来说规模较小，服务业双向 FDI 占全球服务业 FDI 总额的比重偏低，服务业对外投资与利用外资的比例更是远远落后于发达国家。另外服务业投资结构也不尽合理，行业分布过于集中，行业分布结构不合理，主要集中在一些技术含量不高的行业，而技术含量较高的科学研究、技术服务和地质勘查业在 2013 年的利用外资额和对外投资额仅有 27.50 亿美元和 17.92 亿美元，所占比重也仅为 4.15% 和 2.6%。通过构建服务业行业偏离度指数发现中国服务业双向 FDI 的行业匹配情况较差，有些行业还存在愈演愈烈的趋势，服务业双向投资的体制有待进一步转变。此外我们还考察了服务业利用外资和对外投资之间是否存在因果关系，考察结果显示服务业利用外资短期内就可以促进对外投资，而服务业对外投资可能要在长期内才会带动利用外资。

既然我国内向 FDI 和外向 FDI 之间存在诸多问题，服务业双向 FDI 的投资结构也不尽合理，那么我国在今后还需制定一系列更为合理和有效的引资政策和投资法规，在合理有效引进更多外资的同时不能忽视 OFDI 的重要性，有针对性的利用外资，且要扬长避短。积极探索利用外资和对外投资的互动模式，充分认识和把握内向 FDI 与外向 FDI 之间相互联系相互影响的辩证统一关系，努力实现双向投资均衡协调的发展。具体到服务业，中国应当继续扩大服务业双向 FDI 规模，吸引越来越多的服务业 IFDI，同时提升服务业 OFDI 所占比重，保持服务业双向投资的均衡协调发展。促进服务业双向 FDI 的产业结构调整，指导和调整服务业双向 FDI 行业结构，实现服务业行业和区域结构的优化，促进产业结构优化升级和区域经济的快速发展，让服务业 IFDI 和 OFDI 更多地流入和流向知识密集型和技术密集型的现代服务行业，实现服务业双向投资由低端的传统服务行业到高端的知识技术密集型服务行业的转移。

第4章
服务业双向 FDI 的生产率效应：
理论模型

当前随着经济全球化趋势的加强、国际分工的不断深化，外商直接投资的重心已经由工业、制造业向服务业领域转移，服务业已成为外商直接投资的支柱性产业，对于中国来说也是如此。据 2014 年《中国统计年鉴》中公布的数据显示，2013 年 IFDI 总额为 1175.86 亿美元，其中服务业 IFDI 所占比重为 56.3%；2013 年对外直接投资（外向 FDI，OFDI）总额为 1078.44 亿美元，其中服务业 OFDI 所占比重达到了 64%。在 2004~2013 年，服务业外向 FDI 比重都超过了同期内向 FDI 比重，且就规模来看，2008~2010 年以及 2012~2013 年服务业外向 FDI 的流出规模也要多于内向 FDI 的流入规模。

因此在双向 FDI 都逐渐向服务业领域转移的现实背景下，关于服务业双向 FDI 对服务业发展的影响就成为当前学者们重点关注和研究的课题之一。由于长期以来工业化主导战略的实施，导致我国服务业发展相对缓慢，服务业增加值比重、就业比重以及人均增加值不仅与世界主要经济体差距明显，也落后于印度等多数新兴市场国家和地区，程大中（2003）所谓的"三低"现象至今仍然存在①。传统内生经济增长理论表明，增加生产要素的投入和提

---

① 根据中国统计年鉴资料显示，2011 年我国服务业增加值占国内生产总值的比重为 43.4%，服务业就业比重为 35.7%；2012 年这两项数据分别为 44.6% 和 36.1%。就财务和经济效益来说，服务业企业都要落后于制造业企业（柳培林、宋湛，2007）。

高生产率都可以促进经济增长，从两者的持续性来看，前者的持续性受制于边际报酬递减规律，所以这种模式下的经济增长是短暂的，无法长期持续稳定，由此生产率的提升才是产业发展的要义所在。全要素生产率（TFP）衡量的是总产出中除去全部生产要素投入增长之后的"剩余"部分，反映了将投入转化为最终产出的总体效率，因此以 TFP 增长来衡量服务业的发展绩效水平受到众多学者的一致推崇。并且服务业全要素生产率可以解释国家间生产率增长差异的绝大部分（Van der Marel，2012），毋庸置疑服务业生产率已经在一国总生产率增长中发挥着至关重要的作用（Hoekman and Mattoo，2012；Verma，2012）。

依据前文所述，服务业利用外资短期内就可以促进对外投资，而服务业对外投资可能要在长期内才会带动利用外资。那么服务业双向 FDI 之间互动发展的影响机制如何，服务业利用外资如何促进服务业对外直接投资，反过来服务业对外直接投资又如何带动服务业利用外资，服务业 FDI 流入和流出能否促进东道国和母国服务业全要素生产率的增长和服务业的整体发展，这是本章所要研究的重点。鉴于此，本书有必要构建理论模型解释服务业双向 FDI 的生产率效应（行业内资源再配置效应和投资学习效应），并从生产率角度对服务业利用外资与对外直接投资的互动机理（单向因果关系无法解释至少有一国率先出现 FDI 流出却没有 FDI 流入的现象）进行阐释。

4.1　服务业 IFDI 的行业内资源再配置效应

前期关于 FDI 流入对东道国生产率效应的影响主要分为四种：竞争效应、示范模仿效应、人员流动培训效应以及前后向关联效应。即 FDI 流入东道国可以加剧东道国企业的市场竞争，通过竞争改善资源的再配置，迫使一部分低生产率，没有竞争能力的企业退出市场，进而提升整体行业的生产力和技能水平；另外东道国企业可以通过示范模仿跨国企业的生产技能和先进技术促进效率的提升；再者东道国企业可以通过人员的培训流动加快技术的创新和转移力度；跨国企业的进入还可以加强跨国公司与东道国某一行业上下游企业之间的联系，通过提升上游供应商企业的生产技术和中间投入品质量以及为下游企业提供高质量的中间投入品和专业化的服务，从而带动东道国企业生产力水平的进步和生产效率的提升。本书将借鉴佐崎和古贺（2005）以及王恕立、滕泽伟（2015）对资本市场进行局部均衡分析的思路，试图构建一个结合服务产品特性和外商直接投资的局部均衡模型，以阐释服务业 IFDI 的行业内资源再配置效应。

4.1.1 资本要素流动的产出与福利效应

我们首先做出如下假设：只有两个独立的经济体（两个国家），对于 A 国来说有相对于 B 国更丰裕更多的资本生产要素，而对于 B 国来说有相对于 A 国更廉价更多的劳动力生产要素，A 国和 B 国都只使用资本和劳动两种生产投入要素进行服务产品的生产，两个国家之间存在要素禀赋差异，A 国资本生产要素占有优势所以专注于生产资本密集型服务产品，B 国劳动力要素占有优势所以专注于生产劳动密集型服务产品。服务产品的质量在 $[q_0, q_1]$ 上连续分布，且兼具异质性特征，但是对于同类服务产品来说，这种异质性特征并不会导致服务分类的不同。生产要素的流动会通过改变流出国和流入国的要素禀赋（准确地说是使两国的要素禀赋结构相似），改变着两国的要素收益，图 4-1 描述了资本要素流动的产出与福利效应，从中可以反映出资本要素流动对要素收益的影响。

如图 4-1 所示，A 国是资本要素相对丰裕的母国，B 国是劳动要素相对丰裕的东道国，PL_1 和 FL_2 分别表示 A 国和 B 国资本要素的边际产出曲线（即资本要素的需求曲线）。在资本要素流动前，A 国和 B 国资本要素的总量为 OO^*，其中，A 国的资本要素存量为 OA，B 国的资本要素存量为 O^*A。在生产要素可以自由流动的情况下，A 国的资本要素流向 B 国，假设资本流动的成本为零，且没有风险，A 国将有 AB 数量的资本要素流向 B 国。这时，A 国和 B 国的资本要素收益率达到了均衡（A 国为 ON，B 国为 O^*H），可见伴随着 A 国资本要素的流出，A 国的资本收益率上升，伴随着 B 国资本要素的流入，B 国的资本收益率下降。

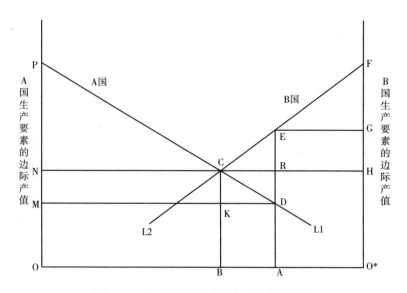

图 4－1　资本要素流动的产出与福利效应

在资本要素流动前，A 国用 OA 数量的资本要素带来的产出为 OADP，B 国用 O*A 数量的资本要素带来的产出为 O*AEF。在生产要素流动后，A 国以国内剩余的 OB 数量的资本要素形成的产量为 OBCP，B 国以流动前的资本要素加上流动后的资本要素总计 O*B 数量形成的产量为 O*BCF。比较资本要素流动前后世界的总产出（两国的产量之和），可以发现，世界的总产出因资本要素的流动增加了 CDE，也就是两国可以分配的利益增量。可见，随着资本要素的流动，东道国（B）的总产出也相应增加了。

4.1.2　其他基市假设

在前文假定的基础之上，我们同时假定 A 国和 B 国服务产品的生产遵循列昂惕夫生产函数，每一产量对应的投入要素之间的比例是恒定不变的（K/L 是固定的）。服务产品生产过程中的技术没有发生任何改变，产品的质量异质性特性是由于采用了不同的生产要素比例（不同的 K/L）。用 $k_i(q)$ 表示生产服务产品的要素投入比例（K/L），$k_i(q)$ 的大小决定着产品质量的差异和优劣，投入比例越大，服务产品的质量就越优。将 $k_i(q)$ 设定为服务产品质量的函数：

$$k_i(q) = e^{\alpha q}(\alpha > 0, q_0 \leqslant q \leqslant q_1) \qquad (4-1)$$

其中，α 为常数，$k_i(q)$ 是服务产品质量 q 的增函数①。若采用 w_i 表示服务业单位劳动力的工资水平，根据两国服务业劳动力要素禀赋状况，有 $w_A > w_B$；用 p_i 表示服务业资本价格，根据两国服务业资本要素禀赋状况，则有 $p_A < p_B$。首先假定两国服务业劳动力在国际上的流动受一定条件的限制和制约，对劳动力价格的改变影响甚小，即把服务业劳动力的工资水平 w_i 当作常数来对待；而服务业资本要素在国际市场上的流动不受条件的限制和制约，可以自由流动，为了建立局部均衡模型，对于生产服务产品的资本需求和供给有如下假定：资本需求的决定因素只有价格，而资本供给的决定因素除了价格外，还有其他一些影响因素。那么根据上述假定可以生成如下表达式：

$$D_{i,k}(p_i) = S_{i,k}(p_i, \eta) \qquad (4-2)$$

其中，D_i 表示生产服务产品的资本需求，S_i 表示生产服务产品的资本供给，依据需求、供给和价格之间的关系，可以看出：$dD_{i,k}/dp_i < 0$，$\partial S_{i,k}/\partial p_i > 0$，$\eta$ 是除了关键决定因素价格之外的一些其他影响因素。

在梅利兹（2003）模型的基本思路与分析框架中，假设企业是连续的，服务企业有别于其他企业的关键性特性在于异质性，并且每一个服务企业都运用自身的劳动力要素（唯一）为消费者提供不同的服务产品。如此一来，服务企业在生产服务产品提供差异化服务的过程中，形成的服务成本主要是由劳动力要素的投入所决定，如果企业提供的服务数量为 q，则其成本函数就可以表述为：

$$l = f + q/\varphi, \varphi > 0 \qquad (4-3)$$

其中，f 是所有服务企业面临的相同固定成本，φ 是各个服务企业之间差异化的生产率水平，这种差异化的生产率水平就是服务企业关键性特征异质性的体现。因此，$1/\varphi$ 就为服务企业的边际生产成本，用 a 表示，其对不同的企业而言是一个随机变量，用 G（a）表示其密度函数。不难看出，如果服务企业的

---

① 我们将 $k_i(q)$ 设定为质量 q 的指数函数形式，主要是考虑在产品质量提升过程中，随着服务产品质量的提高，相同的 $k_i(q)$ 对服务产品质量 q 的提升作用越来越小。

生产率水平越高，那么服务企业的边际生产成本就越低，反之则越高。从另一层意思来说，在成本相同的情况下，服务企业的生产率水平越高时，服务企业所提供的服务产品质量也就越高。

依据鲍德温（2005）对商品企业和胡宗彪（2013）对服务企业的分类，可以将服务企业分为三类：只服务于本地市场的服务企业（D）、既服务于本地市场同时又向国外市场提供服务的服务企业（X）、由于无法盈利退出市场的服务企业（N）。图 4 - 2 描绘出了服务企业的三种类型及其边际成本，a_D 表示只服务于本地市场的服务企业的最高边际生产成本，a_X 表示既服务于本地市场同时又向国外市场提供服务的服务企业的最高边际成本，且满足 $a_X < a_D$。当服务企业的边际成本高于 a_D 时，服务企业就会因为过高的生产成本无法盈利而退出市场，也就是 N 型企业。

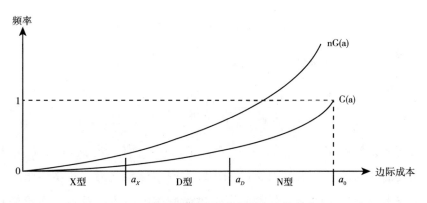

图 4 - 2　服务企业的三种类型及其边际成本

4.1.3　纳入 FDI 因素后的均衡分析

依据 4.1.1 和 4.1.2 的相关假定，用 w_i 表示服务业单位劳动力的工资水平，用 p_i 表示服务业资本价格，那么服务企业的边际生产成本可以表示为：

$$MC_i(q) = k_i(q)p_i + w_i \quad (q_0 \leqslant q \leqslant q_1) \quad (4-4)$$

那么就会存在一个共同的服务产品质量 q_E，可以在 A 国和 B 国之间的服务产品实现自由贸易时，保证两国生产服务产品的边际生产成本相等，即

$MC_A = MC_B$，从而得出：

$$q_E = \frac{1}{\alpha} \ln \frac{w_A - w_B}{p_B - p_A} \quad (\alpha > 0, q_0 \leqslant q \leqslant q_1) \quad (4-5)$$

由于 A 国资本要素丰裕，B 国劳动力要素丰裕，我们假定 A 国为母国，B 国为东道国，母国 A 将一部分资本（K'）投资到东道国 B。母国通过 FDI 将一部分资本输送到东道国之后，母国的资本量减少了，而东道国的资本量增加了，当然母国进行 FDI 的初衷是为了追求利润的最大化。那么对于东道国（B）来说，其生产服务产品的资本供给数量就会增加（K'），母国（A）生产服务产品的资本供给数量就会减少（K'）。根据式（4-2），当母国和东道国之间发生资本流动之后，东道国资本供给增加了（K'），我们可以进一步设定如下供需平衡表达式：

$$D_{B,k}(p_B) = S_{B,k}(p_B, K') \quad (4-6)$$

对（4-6）式进行全微分，得到：

$$\left(\frac{dD_{B,k}}{dp_B} - \frac{\partial S_{B,k}}{\partial p_B} \right) \frac{dp_B}{dK'} = \frac{\partial S_{B,k}}{\partial K'} \quad (4-7)$$

由前文分析可知，$dD_{i,k}/dp_i < 0$，$\partial S_{i,k}/\partial p_i > 0$，所以 $\partial S_{B,k}/\partial K'$ 与 dp_B/dK' 符号是相反的，当母国和东道国通过 FDI 发生资本流动之后，资本供给增加的一方，资本要素价格将会降低，而资本供给减少的一方，资本要素价格将会得到提高。母国 A 将一部分资本投资到东道国 B，致使东道国 B 生产服务产品的资本供给量增加，因此，可得：$dp_B/dK' < 0$，而母国服务产品生产的资本投入供给量减少。因此本书假定服务业 FDI 的流入使得东道国服务资本要素价格（p_B）下降到（p'_B），而母国服务资本要素价格（p_A）上升到（p'_A），从而得到：

$$p_A - p_B > p'_A - p'_B \quad (4-8)$$

结合式（4-5）和式（4-8）可以得出：

$$q_E < q'_E (q_0 \leqslant q_E, q'_E \leqslant q_1) \quad (4-9)$$

从前文的公式推导和图 4-3 中可以看出，随着母国将一部分资本以对外直接投资（FDI）的形式投资到东道国，增加了东道国生产服务产品的资本供给量，降低了东道国服务资本的要素价格（$p_B \rightarrow p'_B$），从而使得东道国服务产品的质量得到了提升（$q_E \rightarrow q'_E$）。也就是说劳动要素相对丰富的东道国在生产服务产品时具有了成本优势，边际生产成本降低了。

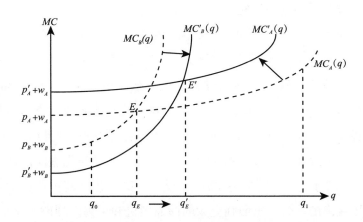

图 4-3　资本要素流动的质量与边际成本曲线

由此得到结论一：服务业 FDI 流入东道国，提升了东道国生产服务产品的质量水平，降低了企业生产服务产品的边际生产成本，进而可以提高企业的生产率水平。即服务业内向 FDI 可以通过行业内资源再配置效应提升东道国的生产率水平，对东道国产生正向的生产率溢出效应。

4.2　服务业 OFDI 的投资学习效应

与非出口、非对外直接投资型企业相比，出口、对外直接投资型企业拥有相对较高的生产率（Alvarez & Lopez，2005；Van Biesebroeck，2006），也就是常说的存在出口、OFDI 行为的自我选择效应。由于进行出口、对外直接投资都需要相对较高的固定成本，所以只有生产率相对较高的企业才能承担并选择从事出口、对外直接投资行为。当企业参与出口、对外直接投资行为之后又可以学习和模仿更为先进的生产经营方式以及管理经验，通过引进先进的生产设备，采用新的生产技术和工艺流程促进整体生产效率的提升，即企业出口、对外直接投资行为的"学习效应"（De Loecker，2007；Grespi，2006，张杰等，2009）。钱雪峰等（2011）运用 1999~2007 年中国工业企业数据库，也发现出口企业比非出口企业具有更高的生产率水平，较高生产率水平的企业会通过自我选择效应进行出口，进入出口市场又可以通过学习效应推动生产率水平的进一步提高。

关于企业进行出口、OFDI（企业国际化经营）的学习效应，早在 20 世纪 90 年代，部分学者就认为进行国际化经营的企业可以通过学习、模仿先进生产技术、工艺流程、管理经验促进自身生产效率的提升（Grossman & Helpman，1991；Evenson & Westphal，1995）。国际化经营企业的学习效应可以通过如下途径实现（Greenaway & Kneller，2007）：企业进入国际市场之后，由于市场竞争者的存在，为了不被淘汰，不得不采取更为先进的产品和生产工艺，进而降低企业生产成本，提高产品质量；国际化经营企业在面对更大的生产和市场规模的同时，也面临更大的商业契机和更为激烈的效率提升压力；激烈的国际市场为国际化经营企业带来了严峻的生存压力，促使其加大科研力度，带动效率的提升。本书将从第二种途径出发，对服务企业对外直接投资的学习效应进行理论分析。

4.2.1 基本假设

依据赫尔普曼等（2004）模型的基本假定和刘军（2014）的相关假设，可以得出一国服务消费者的需求水平和需求函数如下：

$$A = \frac{\beta E}{\int_0^n p(v)^{1-\varepsilon} dv} \tag{4-10}$$

$$D = Ap^{-\varepsilon} \tag{4-11}$$

其中，β 表示一国收入中用于服务部门生产差异化服务产品的比重，E 为一国的总支出水平，n 为一国消费者可以消费到的服务产品种类，$p(v)$ 为第 v 种服务产品的定价，ε 为消费者所消费的服务产品之间的替代弹性。由于假定服务者对服务部门内服务产品的偏好具有不变替代弹性，所以替代弹性可表示为：

$$\varepsilon = 1/(1 - \rho) > 1 \tag{4 - 12}$$

其中，ρ 表示消费者对服务部门内服务产品的多样性偏好系数，且 $0 < \rho < 1$，ρ 值越小，表示消费者对服务部门内服务产品的多样性偏好程度越大。确立了消费者对服务产品的需求水平和需求函数之后，还需要对服务企业的经营方式进行设定，依据本书的研究目的，我们对服务企业的经营方式进行了如下设定：

只在国内生产销售服务产品，不将服务产品进行对外销售，也不进行对外直接投资的服务企业（D 型服务企业）；不仅在国内生产销售服务产品，还通过对外直接投资的方式在东道国进行服务产品的生产，并将在东道国生产的服务产品提供给东道国消费者，但不用于出口的服务企业（F 型服务企业）；不仅在国内生产销售服务产品，并通过对外直接投资的方式利用东道国廉价的劳动力、原材料或者先进的生产设备和技术水平在东道国进行服务产品的生产，并将在东道国生产的服务产品用于母国或者第三方国家消费的服务企业（E 型服务企业）。刘军（2014）将 F 型服务企业称为市场寻求型跨国服务企业，将 E 型服务企业称为效率寻求型跨国服务企业，但都是在国外市场进行了对外直接投资行为（如表 4 - 1 所示）。

表 4 - 1　　　　　　　　　　　**服务企业的经营方式设定**

服务企业类型	产品生产途径	产品销售途径	贸易状况	是否存在 OFDI
Domestic	仅限国内	仅限国内	不出口	否
Foreign	国内和东道国	东道国销售	不出口	是
Export	国内和东道国	母国或第三国市场销售	出口	是

4.2.2 服务业对外直接投资的绩效分析

基于表 4 - 1 中对服务企业经营方式的不同设定，本书接下来将对服务企业在不同经营方式下所需承担的成本和收入以及企业最终的利润进行设定分析。沿用梅利兹（2003）模型的基本思路与分析框架，每一个服务企业都运用自身的劳动力要素（唯一）为消费者提供不同的服务产品。服务企业生产服务产品提供差异化服务的过程中，形成的服务成本主要是由劳动力要素的投入所决定。用 a 表示服务企业向母国市场提供差异化服务产品的边际生产成本，G（a）表示其密度函数。依据前文服务消费者偏好不变替代弹性的假定，服务企业对服务产品的定价运用边际成本加成定价法，加成系数为（Melitz，2003）：

$$\frac{\varepsilon}{\varepsilon - 1} = \frac{1}{\rho} \qquad (4-13)$$

（1）对于 D 型服务企业而言，其仅向母国市场提供服务产品，将提供服务产品所需承担的固定成本设为 f_D，服务产品的边际成本为 a。那么 D 型服务企业向本国市场所提供服务产品的定价为：

$$p_D(a) = a/\rho \qquad (4-14)$$

依据 D 型服务企业服务产品的定价以及需求函数，可以对其服务产品的产出（Q）、生产成本（C）、企业收入（R）和利润（M）进行如下设定：

$$Q_D = A_D (a/\rho)^{-\varepsilon} \qquad (4-15)$$

$$C_D = aA_D (a/\rho)^{-\varepsilon} \qquad (4-16)$$

$$R_D = (a/\rho)A_D (a/\rho)^{-\varepsilon} = A_D (a/\rho)^{1-\varepsilon} \qquad (4-17)$$

$$M_D = R_D - C_D - f_D = A_D (a/\rho)^{1-\varepsilon} - aA_D (a/\rho)^{-\varepsilon} - f_D$$

$$= a^{1-\varepsilon} \frac{(1-\rho)A_D}{\rho^{1-\varepsilon}} - f_D \qquad (4-18)$$

（2）对于 F 型服务企业而言，其不仅在国内生产销售服务产品，还通过对外直接投资的方式在东道国进行服务产品的生产，并将在东道国生产的服务产品提供给东道国消费者。将 F 型服务企业承担的固定成本设为 f_F，包括 F 型服务企业在东道国形成销售网络的成本等。F 型服务企业将服务产品提供给东道国消费者时，还需承担类似于有形产品领域的"冰山成本"[①]，即要使

---

① 由于通过通信或面对面等方式提供服务同样存在成本，所以将其形式假定为冰山贸易成本也是合理和可行的（胡宗彪，2013），刘军（2014）将其设定为外部沟通成本。

得母国向东道国提供的服务产品达到 1 单位，则母国服务企业提供的服务产品量需要达到 τ 单位。如此一来，F 型服务企业向东道国消费者提供服务产品的边际成本就为 τa。那么 F 型服务企业向国外市场所提供服务产品的定价为：

$$p_F(a) = \tau a/\rho \tag{4 - 19}$$

依据 F 型服务企业服务产品的定价以及需求函数，可以对其服务产品的 Q、C、R 和 M 进行如下设定：

$$Q_F = A_F (\tau a/\rho)^{-\varepsilon} \tag{4 - 20}$$

$$C_F = \rho A_F (\tau a/\rho)^{1-\varepsilon} \tag{4 - 21}$$

$$R_F = (\tau a/\rho) A_F (\tau a/\rho)^{-\varepsilon} = A_F (\tau a/\rho)^{1-\varepsilon} \tag{4 - 22}$$

$$M_F = R_F - C_F - f_F = A_F (\tau a/\rho)^{1-\varepsilon} - \rho A_F (\tau a/\rho)^{1-\varepsilon} - f_F$$

$$= (\tau a)^{1-\varepsilon} \frac{(1-\rho)A_F}{\rho^{1-\varepsilon}} - f_F \tag{4 - 23}$$

（3）对于 E 型服务企业而言，其不仅在国内生产销售服务产品，并通过对外直接投资的方式利用东道国廉价的劳动力、原材料或者先进的生产设备和技术水平在东道国进行服务产品的生产，并将在东道国生产的服务产品用于母国或者第三方国家的消费。假定 E 型服务企业将在东道国生产的一部分服务产品用于母国消费，另一部分服务产品用于第三方国家消费，并将用于第三方国家消费的服务产品比重设定为 γ（$0 \leqslant \gamma < 1$）[①]，则用于母国消费的服务产品比重为 $1 - \gamma$。同样将 E 型服务企业承担的固定成本设为 f_E，并需承担类似于有形产品领域的"冰山成本"。如此一来，E 型服务企业提供给国外市场服务产品的边际成本就为 $\gamma \tau a + (1 - \gamma)a$。那么 E 型企业向国外市场所提供服务产品的定价为：

$$p_E(a) = [\gamma \tau a + (1 - \gamma)a]/\rho \tag{4 - 24}$$

依据 E 型服务企业服务产品的定价以及需求函数，可以对其服务产品的 Q、C、R 和 M 进行如下设定：

---

① 本书依据刘军（2014）的做法，也仅考虑服务企业将在东道国所生产的服务产品全部用于母国消费和将在东道国所生产的服务产品部分用于母国消费部分用于第三方国家消费的情形。

$$Q_E = A_E \left[\frac{\gamma \tau a + (1 - \gamma) a}{\rho} \right]^{-\varepsilon} \tag{4 - 25}$$

$$C_E = \rho A_E \left[\frac{\gamma \tau a + (1 - \gamma) a}{\rho} \right]^{1-\varepsilon} \tag{4 - 26}$$

$$R_E = A_E \left[\frac{\gamma \tau a + (1 - \gamma) a}{\rho} \right]^{1-\varepsilon} \tag{4 - 27}$$

$$M_E = R_E - C_E - f_E = \left[\gamma \tau a + (1 - \gamma) a \right]^{1-\varepsilon} \frac{(1 - \rho) A_E}{\rho^{1-\varepsilon}} - f_E \tag{4 - 28}$$

4.2.3　服务业对外直接投资的学习效应

沿用前文的分析框架，本书接下来将对规模经济效应下服务业对外直接投资的生产率效应进行简单分析。与有形商品不同，很多服务产品都存在生产与消费的同时性特征，因此可以认为服务产品数量增加所引起的要素投入减少与服务产品质量提升所引起的边际成本降低是一致的（刘军，2014）。

依据上节对不同经营方式下服务企业产出、生产成本、企业收入和利润的分析，可以得出服务企业产出（Q）与边际成本（a）之间的函数关系。对于 F 型服务企业而言，依据式（4 - 20）、式（4 - 23），可以得出：

$$a_F(Q) = \frac{1}{Q} \times \frac{M_F + f_F}{\tau(1/\rho - 1)}, (0 < \rho < 1, \tau > 1) \tag{4 - 29}$$

对式（4 - 29）中的 Q 求导，可得：

$$\frac{da_F(Q)}{dQ} = -\frac{1}{Q^2} \times \frac{M_F + f_F}{\tau(1/\rho - 1)} < 0 \tag{4 - 30}$$

由式（4 - 30）可以看出，母国服务企业通过对外直接投资的方式，将在东道国生产的服务产品用于东道国市场的消费之后，服务企业产出的增加导致了边际成本的下降。依据梅利兹（2003）的假定，可知边际成本的降低进而导致了生产率的上升。这一结论表明服务业对外直接投资存在投资学习效应，通过 OFDI 可以提升服务业自身的生产率水平。

同样对于 E 型服务企业而言，依据式（4 - 25）、式（4 - 28），可以得出：

$$a_E(Q) = \frac{1}{Q} \times \frac{M_E + f_E}{[\gamma\tau + (1-\gamma)](1/\rho - 1)}, (0 < \rho < 1, \tau > 1)$$

$$(4-31)$$

对式（4-31）求导，可得：

$$\frac{da_E(Q)}{dQ} = -\frac{1}{Q^2} \times \frac{M_E + f_E}{[\gamma\tau + (1-\gamma)](1/\rho - 1)} < 0 \qquad (4-32)$$

由于 $0 < \gamma < 1$，从式（4-32）可以看出，母国服务企业通过对外直接投资的方式，将在东道国生产的服务产品用于东道国市场和第三方国家市场的消费之后，服务企业产出的增加导致了边际成本的下降。依据梅利兹（2003）的假定，可知边际成本的降低进而导致了生产率的上升。这一结论同样表明服务业的对外直接投资行为表现出了投资学习效应，通过 OFDI 方式可以提升服务业自身的生产率水平。

由此得到结论二：服务业通过对外直接投资的方式在东道国进行服务产品的生产，无论所生产的服务产品是用于东道国市场消费还是第三方国家市场消费，都可以提升服务业自身的生产率水平，即服务业对外直接投资存在投资学习效应。服务业外向 FDI 可以通过投资学习效应提升母国的生产率水平，对母国产生正向的生产率溢出效应。

4.3　服务业双向 FDI 发展的互动机理—生产率视角

近年来，中国服务业利用外资（IFDI）与对外直接投资（OFDI）呈现齐头并进的趋势，呈现出利用外资规模和对外投资规模的"双高"特征。2004～2013 年间，服务业实际利用外资总额增长了 4.7 倍，年均增长率为 19.94%，服务业对外直接投资总额更是增长了 12.3 倍之多，年均增长率达到了 39.6%。2013 年中国对外直接投资存量达到了 6600 亿美元，而服务业占比达到了 71.8%，可见服务业对外直接投资不论是规模还是增速都显著超过了服务业利用外资。虽然对外直接投资是经济发展到一定阶段的必然产物，是一国参与国际市场竞争，提升竞争力的必然途径，但在对外直接投资高速增长的背后不可避免的有利用外资快速增长的力量的推动。服务业必须引进和吸收国外的先进生产技术、生产经验和管理技能才能生产出符合对外直接投资和出口路径的服务产品。早期的 IDP 理论率先将利用外资和对外投资结合起来，详细描述了一国由 FDI 净流入国向 FDI 净流出国的转变过程，同时也引申出吸引外资促进对外投资，但对二者之间的相互关系和这种转变的作用机制缺乏合理详尽的解释。

4.3.1　服务业双向 FDI 之间的互动关系

外商直接投资和对外直接投资是一国开放进程中相向而生的两种国际化经营模式（分别简称"FDI 流入"和"FDI 流出"，合称"双向 FDI"）。关于两者之间的互动关系，杜宁（1981）基于国际生产折衷理论提出的投资发展阶段论（IDP）给出了最早的理论解释，即一国在经济发展水平逐渐提高的过程中，将沿着以利用外资为主向以对外投资为主的路径演化，最终进入资本密集型 FDI 流入和资源导向型 FDI 流出的交叉发生阶段（Ozawa，1992）。进一步的研究主要围绕 FDI 流入和 FDI 流出的直接相互关系展开，布拉克尼耶等（2001）针对瑞典的经验研究表明，FDI 流入与 FDI 流出在规模上呈现出明显的正相关关系，其他关于东道国利用外资对对外投资的影响（Gu and Jane，2011；陈涛涛等，2011）以及对外投资对母国利用外资的影响（Globerman，2012）的研究，结论也大都表明两者之间存在相互融合、相互补充的关系。

服务业内向 FDI 与外向 FDI 在一国是同时存在，彼此依赖的，其作为要素跨国流动的基本形式，最终都是为了让要素在不同国度流动，实现要素的最佳配置与结合，达到提升服务业生产效率和国际竞争力的目的。如果没有一国率先进行服务业 FDI 流出，也就不会有其他国家服务业的 FDI 流入。服务业 FDI 流入可以解决一国服务业内部的资源短缺问题，并可以获取国外先进的生产技术和管理理念，通过示范模仿效应促进本国服务业生产率的提升，进一步提升服务业参与国际市场的竞争力，为服务业对外直接投资奠定了良好的竞争优势。母国进行对外直接投资的目的最终是为了获利，东道国良好的市场环境和外汇储备，为母国对外直接投资增添了信心，而良好的市场环境和外汇储备以及竞争优势的形成，又可以持续吸引更大数量的利用外资，所以服务业大规模的对外直接投资又为服务业利用外资提供了有力支撑和强力保障。

服务业利用外资在引进国外先进技术和管理经验，提升参与市场国际竞争力的同时，也为本土企业带来了竞争压力，如果不注重自身技术的改进和生产效率的提升就会面临被市场淘汰的危机，为了避免被市场所淘汰，不得不进行积极的对外投资，获取更为先进一流的技术。服务业对外直接投资可以增强我国的外债承受能力，增强一国的经济实力和综合国力，为其他国家对我国的对外投资增添信心，从而吸引别国对我国更多的对外投资，所以对外投资从某种意义上来说是利用外资的一种深化。服务业利用外资与对外投资之间的这种互补效应共同推动了我国服务业的长期持续发展，并形成了良好的循环机制。当今世界，服务全球化已成为经济全球化的主要载体，如何有效发挥二者之间的互动性，推动服务业"请进来"与"走出去"相结合，提升我国服务业的国际竞争力，是培育开放型经济发展新优势的重要战略需求。

4.3.2 服务业双向 FDI 互动发展机理的理论框架

依据本章 4.1 节和 4.2 节的理论分析，我们发现服务业跨国企业的进入，会致使东道国服务企业的要素资源得到重新配置，进而通过行业内再配置效应促进东道国生产率的提升，对东道国服务业产生正向的生产率溢出效应，同时服务业对外直接投资也可以通过投资学习效应促进母国生产率的提升，对母国服务业产生正向的逆向生产率溢出效应。也就是说服务业利用外资通过产生技术溢出效应为对外投资提供了条件，提高了东道国服务业对外直接投资的能力，增强了东道国服务业对外直接投资决策的"自我选择能力"。若没有服务业利用外资对服务业生产率所产生的显著促进效应，服务企业可能就不会具备对外直接投资的生产率优势，也就可能不会实现服务业对外直接投资规模的扩张。简言之，服务业内向 FDI 引致外向 FDI 的机理可以概括为：服务业内向 FDI→服务业生产率提升→自我选择效应→服务业外向 FDI 能力提高。此外对外直接投资是一国国际竞争力的真实体现，反映了一国利用国际资源为本国经济利益服务的能力，服务业对外直接投资能力的提高和规模的扩张提升了一国服务业参与国际市场的竞争力。为了应付激烈的市场竞争，服务企业不得不引进更为先进的技术设备和管理理念，从而进一步刺激了服务业利用外资规模的增加。与此同时，服务业对外直接投资能力的提高也可以提升一国的外债承受能力，增强本国的经济实力和综合国力，从而吸引更多服务业外资的进入。服务业外向 FDI 引致内向 FDI 的机理可以概括为：服务业外向 FDI→投资学习效应→服务业生产率提升→增强了一国的整体经济实力和综合国力→吸引更多服务业外资的进入。

至此我们可以将服务企业的利用外资与对外投资行为联系起来。在梅利兹（2003）的标准模型中，生产率较高的企业能够承受额外的成本，因而也就有机会有能力通过对外直接投资行为获取更高的企业受益。这样，我们便得出了服务业利用外资与对外投资的关系（如图 4-4 所示）：服务企业通过利用外资行为促进服务行业整体生产率的提升，而对外直接投资需要承担额外的成本，只有生产率较高的服务企业才能支付对外投资所需的成本，从而提高了服务业对外直接投资的能力，促进了服务业对外直接投资规模的增加。

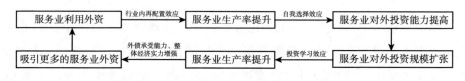

图 4-4 服务业利用外资与对外投资的互动关系

4.3.3 服务业 OFDI 行为的自我选择效应

基于 4.3.1 对服务业双向 FDI 互动发展机理的探析，我们看到服务业内向 FDI 与外向 FDI 之间存在着某种关联，内向 FDI 为外向 FDI 提供了物质基础和条件，外向 FDI 是内向 FDI 的补充和深化，为内向 FDI 提供了强有力的资金和实力支撑。关于服务业内向 FDI 行业内再配置效应（即服务业内向 FDI 通过行业内再配置效应促进东道国服务业生产率的提升）的理论模型分析我们在 4.1 节已经有所分析，本书接下来需要重点探讨服务业生产率提升的自我选择效应。理论认为生产率较高的服务企业具备了对外直接投资所需的能力和优势，会通过自我选择效应以对外直接投资的方式获取更高的收益。

国际贸易理论的发展为异质性企业的出口与对外直接投资行为提供了理论解释。早期的梅利兹（2003）将异质性企业贸易理论用于解释企业的异质性与出口行为，后来赫尔普曼等（2004）将对外直接投资（OFDI）行为纳入异质性企业贸易模型，用于考察异质性企业的出口与 OFDI 行为，从而建立了 HMY 模型（Helpman-Melitz-Yeaple model）。HMY 模型认为异质性企业在进行国际化经营的过程中，由于承担成本的不同，会形成不同的经营模式：生产率最高的企业会采用 OFDI 方式，次之的企业会采用出口行为，那么最低的企业只会选择在国内生产销售。HMY 模型引起了学者们的广泛兴趣，涌现出了较多的实证经验研究，如吉尔玛等（2004）、若杉和田仲（2009）、赫格梅耶和科拉萨（2011）、皮特罗维托等（2012）等。很多学者也以服务业为研究对象，证实了 HMY 理论预期的适用性，如凯勒等（2012）、费德里科和托斯蒂（2012）、恩格尔和普罗谢尔（2012）。接下来我们将分析服务企业对外直接投资行为的自我选择效应，是否生产率较高的服务企业会自动选择对外直接投资行为。

（1）对于 F 型服务企业而言，其一方面在国内进行产品的生产和销售，另一方面还通过对外直接投资的方式在东道国建厂进行产品的生产和销售。其与 D 型服务企业相比，利润函数如下：

$$M_F = (\tau a)^{1-\varepsilon} \frac{(1-\rho)A_F}{\rho^{1-\varepsilon}} - f_F \tag{4-33}$$

$$M_D = a^{1-\varepsilon} \frac{(1-\rho)A_D}{\rho^{1-\varepsilon}} - f_D \tag{4-34}$$

令 $K_F = (1-\rho)A_F/\rho^{1-\varepsilon}$，$K_D = (1-\rho)A_D/\rho^{1-\varepsilon}$，对式（4-33）、式（4-34）化简得：

$$M_F = (\tau a)^{1-\varepsilon}K_F - f_F \qquad (4-35)$$

$$M_D = a^{1-\varepsilon}K_D - f_D \qquad (4-36)$$

由于 $0 < \rho < 1$，$\varepsilon > 1$，所以 $a^{1-\varepsilon}$ 可以看作是服务企业生产率的提高，服务企业生产率越高，服务企业的利润也就越大（刘军，2014）。假设两国拥有相同的需求水平，即 $A_F = A_D$，则 $K_F = K_D$，F 型服务企业的固定成本 f_F 要高于 D 型服务企业的固定成本 f_D。又 $\tau > 1$，可以得出 $\tau^{1-\varepsilon} < 1$，从而得出 $M_F < M_D$。

从图 4-5 可以得出：

$$(a_F)^{1-\varepsilon} > (a_D)^{1-\varepsilon} \qquad (4-37)$$

式（4-37）保证了部分服务企业只服务于国内市场。当服务企业的生产率低于 $(\tau_D)^{1-\varepsilon}$ 时，其提供服务产品的利润为负数，企业长期处于亏损状态，会由于无法承担生产成本而退出市场；当服务企业的生产率介于 $(\tau_D)^{1-\varepsilon}$ 与 $(\tau_F)^{1-\varepsilon}$ 时，其只有在为国内市场提供服务产品时才会获得正利润，却无法将服务产品提供给国外市场，无法进行对外直接投资行为；当服务企业的生产率高于 $(\tau_F)^{1-\varepsilon}$ 时，其既可为国内市场提供服务产品，还可以通过对外直接投资方式将服务产品提供给国外消费者获取更高的经营利润。

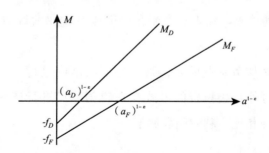

图 4-5　服务企业的利润函数图（D 型和 F 型服务企业）

（2）对于 E 型服务企业而言，其不仅在国内生产销售服务产品，并通过对外直接投资的方式利用东道国廉价的劳动力、原材料或者先进的生产设备和技术水平在东道国进行产品的生产，然后将其用于母国或者第三方国家的消费。其与 D 型服务企业相比，利润函数如下：

$$M_E = \left[\gamma \tau a + (1 - \gamma) a \right]^{1-\varepsilon} \frac{(1 - \rho) A_E}{\rho^{1-\varepsilon}} - f_E \qquad (4-38)$$

$$M_D = a^{1-\varepsilon} \frac{(1 - \rho) A_D}{\rho^{1-\varepsilon}} - f_D \qquad (4-39)$$

令 $K_E = (1 - \rho) A_E / \rho^{1-\varepsilon}$，$K_D = (1 - \rho) A_D / \rho^{1-\varepsilon}$，对式 (4-38)、式 (4-39) 化简得：

$$M_E = \left[\gamma \tau a + (1 - \gamma) a \right]^{1-\varepsilon} K_E - f_E \qquad (4-40)$$

$$M_D = a^{1-\varepsilon} K_D - f_D \qquad (4-41)$$

同理可得 $M_E < M_D$。

从图 4-6 可以得出：

$$(a_E)^{1-\varepsilon} > (a_D)^{1-\varepsilon} \qquad (4-42)$$

式 (4-42) 保证了有部分服务企业只服务于国内市场。当服务企业的生产率低于 $(\tau_D)^{1-\varepsilon}$ 时，其提供服务产品的利润为负数，企业长期处于亏损状态，会由于无法承担生产成本而退出市场；当服务企业的生产率介于 $(\tau_D)^{1-\varepsilon}$ 与 $(\tau_E)^{1-\varepsilon}$ 时，其只有在为国内市场提供服务产品时才会获得正利润，却无法将服务产品提供给国外市场，无法进行对外直接投资行为；当服务企业的生产率高于 $(\tau_E)^{1-\varepsilon}$ 时，其既可为国内市场提供服务产品，还可以通过对外投资方式将服务产品提供给国外消费者获取更高的经营利润。

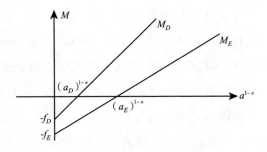

图 4-6　服务企业的利润函数图（D 型和 E 型服务企业）

综上所述，结合（1）和（2）中对 D 型、F 型以及 E 型服务企业的利润对比阐述，我们可以得出如下结论：生产率较高的服务企业会通过 OFDI 的方式将服务产品提供给东道国消费者，生产率较低的服务企业只会在国内生产销售，为国内消费者提供服务产品，而生产率更低的服务企业由于得不到正的经营利润，长期处于亏损状态，最终由于无法承担生产销售成本而退出市场。这充分印证了服务业 OFDI 行为的自我选择效应，生产率高的服务企业具备了对外直接投资所需的能力和优势，会通过自我选择效应以 OFDI 的方式获取更高的收益。

4.4　本章小结

本章主要构建理论模型解释服务业内向 FDI 和外向 FDI 的生产率效应，并从生产率角度对服务业利用外资与对外投资的互动机理（单向因果关系无法解释至少有一国率先出现 FDI 流出却没有 FDI 流入的现象）进行阐述，主要结论有：

（1）前期关于 FDI 流入对东道国生产率效应的影响主要分为四种：竞争效应、示范模仿效应、人员流动培训效应以及前后向关联效应。本书构建一个结合服务产品特性和外商直接投资的局部均衡模型，发现服务业 FDI 流入东道国，提升了东道国生产服务产品的质量水平，降低了企业生产服务产品的边际生产成本，进而可以提高企业的生产率水平。即服务业内向 FDI 可以通过行业内要素重组（再配置效应）推动服务业生产率水平的提高和进步。

（2）与非出口、非对外直接投资型企业相比，出口、对外直接投资型企业拥有相对较高的生产率（Alvarez & Lopez，2005；Van Biesebroeck，2006），也就是常说的存在出口、OFDI 行为的自我选择效应。当企业参与出口、对外直接投资行为之后又可以学习和模仿更为先进的生产经营方式以及管理经验，通过引进先进的生产设备，采用新的生产技术和工艺流程促进整体生产效率的提升，即企业出口、对外直接投资行为的"学习效应"（De Loecker，2007；Grespi，2006，张杰等，2009）。服务业通过对外直接投资的方式在东道国进行服务产品的生产，无论所生产的服务产品是用于东道国市场消费还是第三方国家市场消费，都可以推动服务业生产率水平的提高和进步（学习效应）。

（3）服务业利用外资通过产生技术溢出效应为对外投资提供了条件，提高了东道国服务业对外直接投资的能力，增强了东道国服务业对外直接投资决策的"自我选择能力"。若没有服务业利用外资对服务业生产率所产生的显著促进效应，服务企业可能就不会具备对外直接投资的生产率优势，也就可能不会实现服务业对外直接投资规模的扩张。与此同时，服务业对外直接投资能力的提高也可以提升一国的外债承受能力，增强本国的经济实力和综合国力，从而吸引更多服务业外资的进入。

第 5 章
服务业 FDI 影响环境的理论机制分析

改革开放以来，随着经济全球化进程的加快和国际分工协作的深化，中国已成为吸引外资和对外投资的主要集聚地和发源地。据商务部和国家外汇管理局统计，2014 年我国利用外资总额为 1195.6 亿美元，居世界第一，共实现全行业对外直接投资 1160 亿美元，居世界第三。双向 FDI 不仅促进了中国产业结构的优化调整升级，而且成为推动中国经济高速增长的重要引擎之一（钟昌标，2010）。但与此同时，以进出口贸易、外商直接投资①及技术转移为媒介的环境污染状况也日益严峻②。自然资源的短缺和环境污染的加剧成为当前中国经济可持续发展和增长所必须关注和解决的严峻问题，如何把握好这一权衡问题，直接关系着我国未来经济的成长与发展，甚至危及子孙后代的福利。

中国服务业发展的粗放型特征依然明显，并付出了环境破坏和资源浪费的沉重代价（王恕立等，2015）③。服务业发展转型迫在眉睫，为响应国家战

---

① 若无特别说明，本书的外商直接投资都包括了实际利用外资和对外直接投资。

② 2007 年中国的化学需氧量和二氧化硫排放量都居世界第一，分别达到了 600 万吨和 2400 万吨，导致中国的江河水系 70% 受到污染，40% 被严重感染，1/3 国土受到酸雨污染（彭水军等，2010）。根据世界卫生组织对空气污染造成的疾病负担所做的评估，每年有 200 多万的过早死亡可能是由城市室外空气污染和室内空气污染（燃烧固体燃料）造成的，其中发展中国家的人口承受着这类疾病负担的一半以上（盛斌等，2012）。

③ 1998～2012 年，中国服务业碳排放量与服务业增加值存在极强的正相关关系（庞瑞芝等，2014），中国服务业 2000～2012 年累积排放二氧化硫 684.88 万吨，化学需氧量 1945.09 万吨。

略转型的号召，中国服务业发展也需遵循"资源节约型和环境友好型"的可持续发展道路。近年来，服务业利用外资规模和对外投资规模都保持了较为快速的增长势头，2013 年服务业利用外资和对外投资占 FDI 总额的比重分别达到了 56.3% 和 63.9%。我们不禁要问，中国服务业发展过程中所引起的环境污染问题是否与外商直接投资有直接关系？如果有，服务业外商直接投资的环境效应如何？其影响环境的机制又体现在哪里？

关于 FDI 的环境效应已成为学术界的重点议题之一，但由于污染物选取、研究方法以及研究对象的不同，当前学术界对于外商直接投资的环境效应研究并未达成一致结论。利普兰德和泰勒（1994）基于贸易对环境的影响提出了著名的"污染避难所假说"，该假说认为各国之间的环境管制标准存在异质性，一般来说发展中国家的环境管制程度较低，对污染密集型产业有较强的吸引力，发达国家为了降低治污费用与生产成本会将污染密集型产业转移到发展中国家，从而恶化发展中国家的环境状况。后期众多学者对这一假说进行了实证检验，一部分学者的研究为这一假说提供了强有力的证据，认为外商直接投资恶化了区域环境质量（Cole，2004；Dean et al.，2009；刘建民等，2008；陈刚，2009；张宇等，2014）。也有一部分学者认为并非如此，影响跨国企业区位选择的因素众多[①]，环境规制标准只是其中因素之一。跨国企业在进行外商直接投资的同时也为东道国企业带来了先进的清洁生产技术和管理经验，东道国企业通过"示范模仿"效应实现了清洁或绿色生产，反而促进了东道国环境质量的改善，有利于改善区域环境污染，即外商直接投资对环境产生了"污染光环"效应（Letchumanan and Kodama，2000；Eskeland and Harrison，2003；曾贤刚，2010；盛斌等，2012）。

那么 FDI 对环境的作用机制是怎样的呢？格鲁斯曼和克鲁格尔（1995）认为进出口贸易可以通过结构效应、技术效应和规模效应三个机制作用于环境。基于此，盛斌等（2012）通过构建理论模型，并采用中国工业行业面板数据，实证检验了外商直接投资对中国环境的影响，结果显示外商直接投资

---

① 跨国公司在进行全球资源配置时还将综合考虑政治与经济制度、要素禀赋价格、基础设施条件、教育与研发、文化伦理、政府干预与激励措施等多种因素（盛斌等，2012）。

带来的正向技术溢出效应有效降低了中国工业行业的污染物排放量；周力等（2013）构建联立方程模型，采用中国省级面板数据，实证检验了中国对外直接投资的母国环境效应，结果显示由于影响机制的区域异质性，对外直接投资对母国的区域环境也存在不确定性影响。包群等（2010）认为外商直接投资可以通过规模效应和收入效应作用于东道国环境，二者之间存在稳健的倒U型曲线关系。

毋庸置疑，上述文献对于我们认识和把握外商直接投资与环境污染之间的关系具有重要的理论和实践意义，也为我们分析服务业 FDI 的环境效应提供了相关理论依据和经验支撑。但遗憾的是，我们并未发现有学者对服务业 FDI 和环境污染之间的关系进行剖析研究，这可能是因为一方面中国的环境污染源主要来自工业，另一方面是基于中国服务业环境污染统计数据的获取性和可靠性。我们认为服务业 FDI 对中国环境的影响机制也可以从三个方面（技术效应、规模效应和结构效应）来展开研究。

5.1　基本模型

本书基于科普兰德和泰勒（1994）和盛斌等（2012）的基础模型，试图构建一个以结构效应、规模效应和技术效应为传导机制的均衡模型，通过对模型的系统分析，我们主要考察服务业 FDI 是否有利于环境状况的改善。我们同样首先假定经济系统中仅生产两种服务产品，清洁型服务产品 Y 和非清洁型服务产品 X，两种服务产品都使用劳动力要素和资本要素进行生产。也就是说服务产品 X 在生产过程中会对环境产生污染，向环境排放污染物 Z，而服务产品 Y 在生产过程中不会对环境产生任何影响。

5.1.1　生产函数的设定

服务业生产过程中所产生的"坏"产出会对社会环境产生负面效应，从而给整个经济带来显著的外部成本，因此生产产品 X 的服务企业就必须将一部分资源用于治污处理，我们用 θ 表示用于治污处理的资源占整个投入要素资源的比例，且有 $0 \leqslant \theta \leqslant 1$。当 $\theta = 0$ 时，企业将所有的资源都用于生产非清洁型服务产品 X，不对所排放的污染物 Z 进行任何处理，那么在现有的资本和技术水平条件下，服务企业的生产函数就可以设定为：

$$Q = K_X^{\alpha} L_X^{1-\alpha} \tag{5-1}$$

其中，K_X 为生产服务产品 X 所投入的资本要素，L_X 为生产服务产品 X 所投入的劳动力要素，服务产品的生产满足规模报酬不变，α 为资本投入要素的产出弹性，且有 $0 < \alpha < 1$。当企业将一部分资源 θ 用于治污处理时，企业所生产的实际产量就会降低，同时产生污染排放物 Z，此时服务产品 X 和污染物 Z 的生产函数可以设定如下：

$$Q_X = (1 - \theta) \, K_X^{\alpha} L_X^{1-\alpha} \tag{5-2}$$

$$Q_Z = \frac{1}{A} \, (1 - \theta)^{1/\gamma} K_X^{\alpha} L_X^{1-\alpha} \tag{5-3}$$

其中，A 表示污染治理技术水平，污染物排放量与技术水平负相关，γ 是和减污技术有关的参数，且 $0 < \gamma < 1$，γ 值越小，污染物 Z 的排放量就越小，表明减排除污的效果越明显（包群等，2010）。结合式（5-2）和式（5-3），可以得到：

$$Q_X = (AZ)^{\gamma} (K_X^{\alpha} L_X^{1-\alpha})^{1-\gamma} \tag{5-4}$$

此时，服务产品 X 的生产函数由两部分生产投入要素组成，污染排放物 Z 和潜在产出 Q，γ 又可以被看作是污染要素投入占生产总成本的比重，γ 值越小，污染成本就越小，由此产生的环境污染也就越小。此外，清洁型服务产品 Y 的生产函数可以表示为：

$$Q_Y = K_Y^{\beta} L_Y^{1-\beta} \tag{5-5}$$

5.1.2 服务企业的生产成本

用 w 表示单位劳动力的工资水平，p 表示生产服务产品的资本价格，在完全竞争市场条件下，服务企业的边际成本等于其产品价格。在均衡增长路径上，企业都会本着生产成本最小化的原则选择最优生产要素组合。由于服务产品 X 和 Y 的生产过程都满足规模报酬不变，依据盛斌等（2012）的做法，将服务企业的成本最小化决策进一步看作是求单位产量生产成本最小的过程，当服务企业不对污染做任何处理，将所有资源用于潜在产量 Q 的生产时，企业的生产成本如下：

$$C = pK_X + wL_X \qquad (5-6)$$

$$C_Y = pK_Y + wL_Y \qquad (5-7)$$

首先运用拉格朗日乘数法，求得最优生产要素投入组合，并将所求结果带入成本函数，可得：

$$C = \frac{1}{(1-\alpha)^{1-\alpha}\alpha^\alpha}p^\alpha w^{1-\alpha} \qquad (5-8)$$

$$C_Y = \frac{1}{(1-\beta)^{1-\beta}\beta^\beta}p^\beta w^{1-\beta} \qquad (5-9)$$

当企业将一部分资源 θ 用于治污处理时，依据式（5-4），我们可以将生产函数看作是污染排放量 Z 和潜在产量 Q 的要素投入组合，用 φ 表示企业的排污成本，生产潜在产量 Q 的成本为 C，此时企业的生产成本如下：

$$C_X = \varphi AZ + (pK_X + wL_X)(K_X^\alpha L_X^{1-\alpha}) \qquad (5-10)$$

为了使企业在治污前提下生产服务产品 X 的成本最小，我们同样将其看作生产单位产量的成本最小化过程，即在式（5-4）等于 1 的约束条件下求式（5-10）的极值，运用拉格朗日乘数法，可得：

$$\frac{\varphi}{C} = \frac{\gamma Q}{(1-\gamma)\ AZ} \qquad (5-11)$$

在完全竞争市场条件下，服务企业的边际成本等于其产品价格，服务企业的经济利润为 0，则有：

$$P_X Q_X = CQ + \varphi AZ \qquad (5-12)$$

将式（5-2）、式（5-8）、式（5-11）、式（5-12）简化整理，可得：

$$C_X = \frac{\gamma}{(1-\theta)(1-\gamma)(1-\alpha)^{1-\alpha}\alpha^{\alpha}} p^{\alpha} w^{1-\alpha} \qquad (5-13)$$

5.1.3　服务企业的污染排放

确立了企业生产服务产品 X 的成本之后，我们将对服务企业的排污决策进行考量，即探析服务企业污染排放的影响因素。

由式（5-11）我们可以得到：

$$\varphi AZ = \frac{\gamma CQ}{1-\gamma} \qquad (5-14)$$

$$\frac{1-\gamma}{\gamma} = \frac{CQ}{\varphi AZ} \qquad (5-15)$$

将式（5-15）代入式（5-12），可得：

$$\frac{Z}{Q_X} = \frac{\gamma C_X}{\varphi A} \qquad (5-16)$$

在完全竞争市场条件下，企业的边际成本就等于产品价格，因此：

$$\frac{Z}{Q_X} = \frac{\gamma P_X}{\varphi A} \qquad (5-17)$$

其中，P_X 为服务产品 X 的价格，Q_X 为服务产品 X 的产量。式（5-17）的左边可以看作是生产单位服务产品 X 的污染排放量（也可以称之为污染排放强度），那么右边就可以看作是污染排放的影响因素。可见，治污技术与企业的污染排放量成反比，治污成本与企业的污染排放量成反比，而服务产品的价格与企业的污染排放量成正比。依据盛斌等（2012）的研究，我们又可以将生产服务产品 X 的污染排放总量表示为：

$$Z = \frac{SN_X\omega}{P_X} \qquad (5-18)$$

其中，S 表示整个经济系统中服务产品 X 和 Y 的规模总量，N_X 表示服务产品 X 的规模占整个经济规模总量的比重，ω 为生产单位服务产品 X 的污染排放量。将式（5 – 18）的两边同除以就业人数，可得：

$$\frac{Z}{L} = \frac{S}{L} \times \frac{N_X \omega}{P_X} \qquad (5-19)$$

式（5 – 19）的左边可以看作是单位劳动力的污染排放量，用 z 表示，将式（5 – 17）带入式（5 – 19），得到如下：

$$z = \frac{S}{L} \times \frac{N_X \gamma}{\varphi A} \qquad (5-20)$$

从式（5 – 20）可以看出，单位劳动力的排污量与治污技术和治污成本成反比，与企业生产服务产品 X 的产出规模成正比。对式（5 – 20）两边取对数，可得：

$$\ln z = \ln\gamma + \ln\frac{S}{L} + \ln N_X - \ln A - \ln\varphi \qquad (5-21)$$

5.2　服务业 FDI 影响环境的机制分析

FDI 对环境的影响机制可以分为规模效应、结构效应和技术效应（盛斌等，2012），我们认为服务业 FDI 对环境的影响机制也可以从这三个方面加以展开。服务业 FDI 扩大了国内生产规模，提高了服务产品的产量，依据零结合公理和产出弱可处置性公理可知，与此同时带来了污染水平的提升。一般来说，资本密集度越高的产业污染度也越高，服务业 FDI 所带来的资本积累使得产业结构偏污染化程度提高。服务业 FDI 可以通过行业内再配置效应和对外投资学习效应促进服务业生产率的提升，刺激服务企业采用更为先进的清洁技术，带动环境友好型服务产业的发展，改善东道国（母国）的环境状况。

经济结构 N_X 的函数形式可以表示为①：

---

① 经济结构与服务业资本价格、单位劳动力的工资水平以及人均资本存量存在关系（盛斌等，2012）。

$$\ln N_X = \lambda_0 + \lambda_1 \ln p + \lambda_2 \ln w + \lambda_3 \ln k + v \qquad (5-22)$$

技术水平的提高首先依赖于研发创新投入，CH 模型（1995）表明，一国生产力的提高和技术进步与 R&D 资本存量之间存在紧密联系。此外，外商直接投资可以为东道国带来先进的生产技术和管理经验，东道国企业通过示范模仿效应进而提升自身的技术水平。人力资本作为技术吸收能力的主要载体，也是技术进步的重要载体，对技术外溢也存在至关重要的作用。基于此，我们将本书的技术函数用如下公式表示：

$$\ln A = \eta_0 + \eta_1 \ln fdi + \eta_2 \ln rd + \eta_3 \ln hum + \mu \qquad (5-23)$$

将式（5-21）、式（5-22）和式（5-23）合并整理，可得：

$$\ln z = \phi_0 + \ln s + \phi_1 \ln k - \phi_2 \ln fid - \phi_3 \ln rd - \phi_4 \ln hum - \ln\varphi + \upsilon + v + \mu$$

$$(5-24)$$

其中，s 表示人均产出规模；fdi 为利用外资（对外投资）程度；$\phi_0 = \ln\gamma + \lambda_0 - \eta_0$，$\phi_1 = \lambda_3$，$\phi_2 = \eta_1$，$\phi_3 = \eta_2$，$\phi_4 = \eta_3$，$\upsilon = \lambda_1 \ln p + \lambda_2 \ln w$。在式（5-24）中，研发投入、人力资本水平，单位劳动力的工资水平、服务产品的资本价格以及排污成本均被假定为外生变量，将式（5-24）两边对 FDI 求导，可得：

$$\frac{dz}{dFDI} \times \frac{1}{z} = \left(\frac{ds}{dFDI} \times \frac{1}{s} \right) + \phi_1 \left(\frac{dk}{dFDI} \times \frac{1}{k} \right) - \phi_2 \frac{dfdi}{dFDI} \qquad (5-25)$$

对式（5-25）式两边乘以 FDI，化简整理可得：

$$\frac{dz}{dFDI} \times \frac{FDI}{z} = \xi_{s,k} fdi + \phi_1 fdi - \phi_2 (fdi - fdi^2) \qquad (5-26)$$

式（5-26）中的左边表示污染排放量对外商直接投资的反应弹性，$\xi_{S,K}$ 为服务企业资本的产出弹性[①]，右边第一项可以看作服务业 FDI 对环境影响的规模效应，第二项可以看作是服务业 FDI 对环境影响的结构效应，第三项可

---

① 在不考虑 FDI 对国内资本的挤入或挤出效应的前提下，设 dk/dFDI = 1，利用外资（对外投资）程度用利用外资额（对外投资额）占资本存量的比重表示，即 fdi = FDI/k（盛斌等，2012）。

以看作是服务业 FDI 对环境影响的技术效应。据此，我们认为服务业 FDI 对环境的影响机制也可以从这三种效应展开研究和探讨。

5.2.1 服务业 FDI 的规模效应

FDI 在一定程度上弥补了国内资源的欠缺，缓解了国内的就业形势，优化了产业结构调整，促进了中国经济的增长（郑月明、王伟，2010）。据《中国统计年鉴 2012》统计，2011 年由外资企业所产生的工业增加值占整个工业增加值的比重达到了 21.5%，由外资企业所产生的税收占全国税收增加值的比重达到了 26.64%，由外资企业所产生的出口额占全国出口总额的比重更是达到了 50.8%。可见，外商直接投资极大地推动了中国经济的飞速发展。

随着国际分工的深化，服务经济全球化的趋势愈演愈烈，中国服务业外商直接投资取得了较为可喜的成绩，服务业 FDI 已经占据了我国外商直接投资总量的半壁江山。2015 年《中国统计年鉴》显示，2014 年中国服务业实际利用外资 740.96 亿美元，占实际利用外资总额的比重首次超过了 60%；2014 年中国服务业对外直接投资 897.91 亿美元，占对外直接投资总额的比重甚至超过了 70%。与此相对应的，服务业就业人数增加到了 31364 万人，比 2013 年增长 5.83%；服务业增加值增加到了 306038.2 亿元，比 2013 年增长 10.93%。服务业外商直接投资增加了服务企业的资本存量，扩大了服务企业的生产规模，从而提高了服务企业的产出，为中国服务业的发展注入了新的活力，对中国服务业的开放和发展有着不可替代的重要作用。与此同时，服务企业产品产量的增加必然导致污染排放量的增多，也就是说，服务业外商直接投资的规模效应对环境的影响表现为负向影响，随着服务业 FDI 规模的扩大，我国的环境状况有恶化趋势。

服务业 FDI 影响环境的规模效应如图 5-1 所示。依据式（5-20），在治污成本和技术水平不变的情况下，污染排放量与服务产品 X 的产出规模成正比。在图 5-1 中，初始的均衡点为 A，此时整个经济系统中服务产品的产出分别为 x_0 和 y_0，污染排放量变现为 z_0，当经济规模的扩张表现为均衡增长的时候，服务产品的产业结构并不会发生任何变化[1]，与此相对应的，服务产品的产量扩大到 x_1 和 y_1 时，污染排放量也扩大至 z_1。也就是说，随着服务业 FDI 所带来的产品规模的扩张，如果我们仍然沿用原先的生产设备和生产技术，就必须相应的增加生产投入要素[2]，这就必然带来污染物的更多排放和环境的持续恶化，带来环境质量的进一步降低。

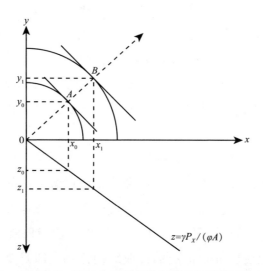

图 5 - 1 服务业 FDI 影响环境的规模效应

资料来源：杨博琼：《FDI 对东道国环境污染的影响——基于中国的实证检验》，南开大学硕士学位论文，2010 年。

5.2.2 服务业 FDI 的结构效应

服务业 FDI 引起服务业部门产业结构的相应变化，清洁型产业部门和非清洁型产业部门的结构调整导致新的环境污染变化，这主要取决于结构调整部门相对污染强度的改变。依据《中国环境统计年鉴》统计和王恕立等（2015）的研究，可以看出服务业部门中环境污染程度较高的行业主要是交通

[1] 清洁型服务产品 Y 和非清洁型服务产品 X 同步增长，两者的价格比也不发生变化。
[2] 增加产出就必须增加生产投入要素，这就需要消耗更多的自然资源，相应地产生更多的污染排放物，由此将带来环境质量的降低。

运输、仓储和邮政业，批发和零售业，房地产业等。落实到外商直接投资上来说，2004 年交通运输、仓储和邮政业实际利用外资 12.73 亿美元，2014 年增加到了 44.56 亿美元，年平均增长 13.35%；2004 年批发和零售业实际利用外资 7.4 亿美元，2014 年增加到了 94.63 亿美元，年平均增长率更是达到了 29.03%；2004 年房地产业实际利用外资 59.5 亿美元，2014 年增加到了 287.98 亿美元，年平均增长率为 19.26%；2004～2014 年，三个细分行业部门的对外直接投资年平均增长率分别为 17.56%、36.75% 和 94.53%。就 2014 年来说，交通运输、仓储和邮政业，批发和零售业，房地产业的实际利用外资额占服务业实际利用外资总额的比重分别为 6.01%、12.77% 和 46.73%，对外直接投资额占服务业对外直接投资总额的比重分别为 4.6%、20.4% 和 7.4%。

从以上统计数据可以看出，中国服务业 FDI 引起的产业结构调整还是比较倾向于污染密集型产业部门，这种调整使得服务业部门中的污染密集型产业比重上升，从而不利于环境质量的改善。服务业 FDI 影响环境的结构效应如图 5-2 所示，从图 5-2 中可以看出，在保证经济规模和技术水平不变的情况下，改变服务业部门的产业结构比例，即若要使得非清洁服务

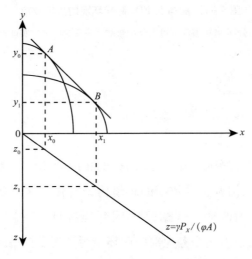

图 5-2　服务业 FDI 影响环境的结构效应

资料来源：杨博琼：《FDI 对东道国环境污染的影响——基于中国的实证检验》，南开大学硕士学位论文，2010 年。

产品 X 的产出比例上升，则必须相应缩小清洁型服务产品 Y 的产出比例。非清洁型服务产品 X 的产出变化由 x_0 扩张到 x_1，相应地清洁型服务产品 Y 的产出变化由 y_0 缩小到 y_1，均衡点也由初始的 A 变化到 B，与此同时污染排放量也由原先的 z_0 增加到了 z_1。这表明服务业 FDI 的结构效应对环境存在负面影响。

5.2.3　服务业 FDI 的技术效应

跨国公司拥有先进的技术经验和管理设备，这有助于东道国（母国）生产效率的提升和技术进步，服务业 FDI 所引起的技术溢出效应在提高中国服务业生产率的同时，还有利于中国环境污染状况的改善，即通过更少的投入产生更多的"好"产出，并有利于污染排放物的减少。服务业跨国公司通过竞争效应促使本土公司在生产过程中引进清洁型生产设备，采用清洁型生产技术，采取更为有利的环境污染治理措施，这样既有助于推动服务企业的技术进步，又对环境是有利的；本土服务企业为了应对日益激烈的市场竞争和更为严苛的环境规制水平，通过示范模仿效应促进环境状况的改善。与此同时，服务业跨国公司的人员流动也有助于技术溢出，在掌握了跨国服务企业的先进技术和管理经验之后，劳动力资源的流动就会引起技术溢出效应的扩散，从而有助于我国服务业生产率的提升和技术进步，并对环境产生积极的影响。

服务业 FDI 影响环境的技术效应如图 5-3 所示，从图 5-3 中可以看出，在其他条件不变的情况下①，单纯的技术改进有利于环境状况的改善，污染排放物的总量是降低的。反映在图 5-3 中，在原先的技术水平 A 上，污染物的排放量为 z_0，技术水平提升到 A' 之后，污染物的排放总量也相应地减少到了 $z_1$②。

---

① 同样的规模，产业结构和税收水平。
② 本书对服务业 FDI 影响环境的技术效应讨论并没有考虑到污染税收的问题，这个问题我们将在以后的研究中再加以深入讨论。

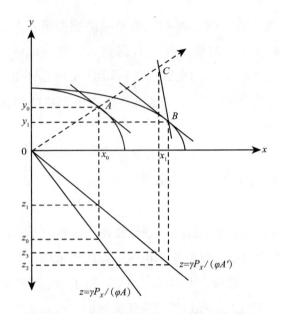

图 5 – 3 服务业 FDI 影响环境的技术效应

资料来源：杨博琼：《FDI 对东道国环境污染的影响——基于中国的实证检验》，南开大学硕士学位论文，2010 年。

5.3 本章小结

当前文献对于我们认识和把握外商直接投资与环境污染之间的关系具有重要的理论和实践意义（Copeland and Taylor, 1994；包群等，2010；盛斌等，2012；周力等，2013），也为我们分析服务业 FDI 的环境效应提供了相关理论依据和经验支撑。本章依据盛斌等（2012）的相关研究成果，对服务业 FDI 影响环境的理论机制进行了剖析研究，我们认为服务业 FDI 对中国环境的影响机制也可以从三个方面（技术效应、规模效应和结构效应）来展开研究。

通过分析，我们发现虽然近年来中国服务业 FDI 取得了可喜的成绩，但服务业外商直接投资的增加在扩大服务企业生产规模、提高服务企业产品产量和产出的同时，也导致了污染物排放量的增多，服务业外商直接投资的规模效应对环境的影响表现为负向影响，随着服务业 FDI 规模的扩大，我国的环境状况有恶化趋势。中国服务业 FDI 引起的产业结构调整还是比较倾向于污染密集型产业部门，这种调整使得服务业部门中的污染密集型产业比重上升，从而不利于环境质量的改善。服务业 FDI 所引起的技术溢出效应在提高中国服务业生产率的同时，还有利于中国环境污染状况的改善，即通过更少的投入产生更多的"好"产出，并有利于污染排放物的减少。可见，服务业 FDI 对环境污染的影响效应取决于规模效应、结构效应和技术效应的综合作用结果，三个效应相互作用、相互联系、相互影响，共同决定着服务业 FDI 对环境污染的影响作用。

第6章
环境约束下中国服务业
生产率测度及考察

中国服务业自改革开放尤其是进入 21 世纪以来，以国内体制机制转型优化为基础，解放和发展生产力，以对外融入世界服务经济体系为手段，推动经济增长和产业转型升级，取得了显著成就。依据《中国统计年鉴》的数据显示，1978 年我国服务业增加值占国内生产总值的比重为 23.9%，服务业就业人口比重仅为 12.2%，2000 年分别达到了 39% 和 27.5%，2012 年更是上升到了 44.6% 和 36.1%。但是，由于长期以来工业化主导战略的实施，导致我国服务业开放程度偏低，发展也相对缓慢，程大中（2003）所谓的"三低"现象至今仍然存在。传统内生经济增长理论表明，增加生产要素的投入和提高生产率都可以促进经济增长，从两者的持续性来看，前者的持续性受制于边际报酬递减规律，所以这种模式下的经济增长是短暂的，无法长期持续稳定，由此生产率的提升才是产业发展的要义所在。但是中国服务业发展起步较晚，开放程度偏低，政策体系和市场体系都不健全，导致服务业在不同细分行业之间和不同区域之间的不均衡发展现象十分明显，服务业生产率在细分行业之间和区域之间的异质性表象也非常突出。

与此同时，中国经济的突飞猛进发展也带来了一系列资源浪费和环境破坏问题，导致环境污染治理和生态破坏压力日益增大，服务业同样如此①。依据《中国环境统计年鉴》的显示，在中国服务业发展过程中，2000～2012年累积排放二氧化硫 684.88 万吨，化学需氧量 1945.09 万吨。就 2012 年来说，生活二氧化硫排放量占二氧化硫排放总量的比重为 9.7%；城镇生活污水中化学需氧量排放量占化学需氧量排放总量的比重已经达到了 37.6%。因此在政府提出"和谐社会"和"科学发展观"理念的现实背景下，向资源节约型和环境友好型的新型增长模式转变已不单纯是工业部门需要面临和解决的任务，中国服务业发展也须遵循"资源节约型和环境友好型的"的可持续发展道路，以响应国家转型发展的重大战略号召。

    基于此，环境污染问题得到了广大学者的密切关注，环境污染对于传统全要素生产率的影响研究也日益增多。对于传统的全要素生产率测算来说，由于没有考虑环境因素，仅仅考虑了劳动、资本等生产投入要素，这将会扭曲对社会福利变化和经济绩效的评价，导致误导性政策建议的出现（Hailu and Veeman，2000）。基于传统距离函数的 Malmquist 生产率指数由于无法将环境污染所产生的"坏"产出包含在内，已经不足以准确反映中国经济发展的真实绩效水平，直到 Malmquist-Luenberger 指数方法的出现才打破了这一局限。该方法是由钟等（1997）在研究瑞典纸浆厂的全要素生产率时基于方向性距离函数所提出的，这个指数可以测度存在"非期望产出"时的全要素生产率。后来众多学者运用该方法对中国经济总体和中国农业、工业经济环境约束下的全要素生产率进行了重新测算，但可以看到当前将该方法应用到服务业领域的研究甚少，几乎可以说没有，对服务业全要素生产率的测算几乎都没有考虑服务业部门的环境污染问题（庞瑞芝等，2014）。然而对于中国服务业而言，TFP 测算如果不将服务业发展过程中产生的服务业环境污染包含在内，则有可能高估服务业的生产率水平，从而在制定相关政策建议时也会产生错误的指导方向。

    鉴于此，本章将环境因素纳入生产率研究体系，运用 Malmquist-Luenberg-

---

① 据《中国环境统计年鉴》统计，2008 年生态环境退化成本和环境治理成本占 GDP 总额的比重分别达到了 3.9% 和 1.54%（朱承亮，2014），1998～2012 年，中国服务业碳排放量与服务业增加值存在极强的正相关关系，近似表现为单位弹性（庞瑞芝等，2014）。

er 指数法，采用中国 2000～2012 年的服务业省级面板和 2004～2012 年的服务业行业面板数据，对中国 31 个省份和 13 个细分行业环境约束下的服务业生产率变动情况进行了再测算，并与未考虑环境因素的服务业生产率进行对比分析，阐述了纳入环境因素后产生差异的特征性事实以及差异产生的原因。这对于认识和把握中国服务业变迁的历史轨迹，探析不同区域和不同行业间服务业生产率变动的原因及动态演变趋势，对于我国制定合理的服务业发展政策，充分考虑我国不同地区以及细分行业内部的服务业发展差异，有效利用有限的服务业资源以及服务业生产率的差异开展合作，对促进我国服务业部门实现资源节约，环境保护和服务业增长三者之间的统筹协调可持续发展至关重要。

6.1　环境约束下服务业生产率的测度方法

就当前来说，应用比较广泛的全要素生产率测算方法主要分为参数法（如随机前沿分析法）和非参数法两种（如数据包络分析法）。参数法需要设定具体的生产函数，不同的生产函数设定可能导致不同的检验结果，而非参数法由于不需要设定具体的生产函数，也不需要事先假定规模报酬不变，因此可以避免上述问题，从而也受到众多学者的广泛应用。很多文献基本都运用了径向的、角度的①数据包络分析来计算方向性距离函数。在计算方向性距离函数的过程中，很多学者都采用了 DEA 方法来确定其的生产前沿，这种方法在动态分析中可能导致技术倒退现象的出现，从而使得计算结果可能不大准确。而序列 DEA 方法却能够很好地处理技术倒退问题，因此本书借鉴林毅夫等（2003）、王恕立等（2012）、王恕立等（2015）的思路，引入"过去掌握的技术不会遗忘"假定，将基于序列的（Sequen-

---

① "径向的"是指无效率的测量方式为投入能够等比例减少的程度，或产出能够等比例增加的程度，"角度的"意味着评价效率时需要做出基于投入（假设产出不变）或基于产出（假设投入不变）的选择。

tial）测算技术应用到 Malmquist-Luenberger 指数中从而形成了 SML 指数[①]。

在分析环境约束下的服务业生产率时，首先需要构建一个既包含"好"产出，又包含"坏"产出的生产可能性集，称之为环境技术（the environmental technology）。本书首先运用序列 DEA 构造服务业生产的最佳生产前沿面，生产前沿面是一种评判单个决策单元技术效率高低的参照物，当决策单元（服务业）在生产前沿面内部时就存在技术无效率状况，把决策单元的实际生产点与生产前沿面上的映射点进行比较，就可以测度决策单元的技术效率和技术进步状况。

假设在每一时期 $t(t = 1, \cdots, T)$，每一个经济体 $k(k = 1, \cdots, K)$ 都使用 N 种投入 $x = (x_1, \cdots, x_N) \in R_N^+$ 生产出 M 种"好"产出 $y = (y_1, \cdots, y_M) \in R_M^+$ 和 I 种"坏"产出 $b = (b_1, \cdots, b_I) \in R_I^+$。用 $P(x)$ 表示这种生产可能性集：

$$P(x) = \{(y,b): x \text{ 可以生产}(y,b)\}, x \in R_N^+ \qquad (6-1)$$

为了得到环境技术的生产可能性集，依据王兵等（2008）的研究，还需要式（6-1）满足如下假定：

（1）投入和"好"产出是可强处置的，有限的投入产生有限的产出。

（2）零结合公理，"坏"产出是伴随着"好"产出而产生的，有"好"产出就必然会产生"坏"产出。只有在"好"产出为零的情况下，"坏"产出才有可能为零。

（3）产出弱可处置性公理，如果"坏"产出减少，那么"好"产出也会随之减少，在既定的资源条件下，"坏"产出的减少是需要付出成本的。

如此一来，环境技术的生产可能性集就被模型化为：

$$P^t(x^t) = \{(y^t, b^t): \sum_{k=1}^{K} z_k^t y_{km}^t \geqslant y_{km}^t, m = 1, \cdots, M; \sum_{k=1}^{K} z_k^t b_{ki}^t = b_i^t, i = 1, \cdots, I;$$

$$\sum_{k=1}^{K} z_k^t x_{kn}^t \leqslant x_n^t, n = 1, \cdots, N; z_k^t \geqslant 0, k = 1, \cdots, K\} \qquad (6-2)$$

为了计算环境约束下的服务业全要素生产率，还需要引入方向性距离

---

① 序列 DEA 思想可以避免技术倒退现象的出现，因此很多学者在测算 TFP 时都采用了这一思想（Donghyun and Almas, 2010；田银华等, 2011；王恕立等, 2012；）。

函数。

（1）方向性距离函数。在生产可能性边界的基础之上，基于产出的 DDF
可以表示如下：

$$\vec{D}_0^t(x^t, y^t, b^t; g) = \sup\{\beta : (y^t, b^t) + \beta g \in P^t(x^t)\} \quad (6-3)$$

其中，$g = (g_y, g_b)$ 是产出扩张的方向向量，环境管制的目标是为了增加"好"
产出，减少"坏"产出，本书参考吴军（2009）的做法，假定"好"产出的
增加和"坏"产出的减少是同比例增减的，即 $g = (g_y, -g_b)$，β 为"好"产
出增加，"坏"产出减少的最大可能量。

利用 DEA 来求解方向性距离函数，还需要解如下的线性规划：

$$\vec{D}_0^t(x^{t,k'}, y^{t,k'}, b^{t,k'}; y^{t,k'}, -b^{t,k'}) = Max\beta$$

$$s.t. \quad \sum_{k=1}^{K} z_k^t y_{km}^t \geq (1+\beta) y_{k'm}^t, m = 1, \cdots, M$$

$$\sum_{k=1}^{K} z_k^t b_{ki}^t = (1-\beta) b_{k'i}^t, i = 1, \cdots, I; \sum_{k=1}^{K} z_k^t x_{kn}^t \leq x_{k'n}^t,$$

$$n = 1, \cdots, N; z_k^t \geq 0, k = 1, \cdots, K \quad (6-4)$$

（2）Malmquist-Luenberger 生产率指数。有了方向性距离函数，就可以构
造全要素生产率指数，依据钟等（1997）的方法，构建的基于产出的 ML 指
数如下：

$$ML_t^{t+1} = \left\{ \frac{[1 + \vec{D}_0^t(x^t, y^t, b^t; g^t)]}{[1 + \vec{D}_0^t(x^{t+1}, y^{t+1}, b^{t+1}; g^{t+1})]} \times \frac{[1 + \vec{D}_0^{t+1}(x^t, y^t, b^t; g^t)]}{[1 + \vec{D}_0^{t+1}(x^{t+1}, y^{t+1}, b^{t+1}; g^{t+1})]} \right\}^{1/2}$$

$$(6-5)$$

ML 指数又可以分解为技术效率指数和技术进步指数，其中：

$$EC_t^{t+1} = \frac{1 + \vec{D}_0^t(x^t, y^t, b^t; g^t)}{1 + \vec{D}_0^{t+1}(x^{t+1}, y^{t+1}, b^{t+1}; g^{t+1})} \quad (6-6)$$

$$TC_t^{t+1} = \left\{ \frac{[1 + \vec{D}_0^{t+1}(x^t, y^t, b^t; g^t)]}{[1 + \vec{D}_0^t(x^t, y^t, b^t; g^t)]} \times \frac{[1 + \vec{D}_0^{t+1}(x^{t+1}, y^{t+1}, b^{t+1}; g^{t+1})]}{[1 + \vec{D}_0^t(x^{t+1}, y^{t+1}, b^{t+1}; g^{t+1})]} \right\}$$

$$(6-7)$$

其中，式（6-6）中的技术效率指数测度从 t 到 $t+1$ 时期每个经济体的实际生产与环境生产前沿面所示的最大可能追近程度的变化，表示的是一种"追赶效应"；式（6-7）中的技术进步指数测度从 t 到 $t+1$ 时期环境生产前沿面的移动变化，表示的是一种"增长效应"。

（3）基于 DEA 的 Malmquist 生产率指数。Malmquist 生产率指数建立在传统距离函数的基础之上，虽然不需要价格信息，也不需要事先设定具体的生产函数，也可以将生产率指数分解为技术效率变化指数和技术进步变化指数，但却无法计算包含了"非期望产出"的 TFP。本书也同样构建了一般性距离函数的曼奎斯特生产率指数，与考虑了"坏"产出存在下的 Malmquist-Luenberger 生产率指数进行对比，从而得出中国服务业发展的真实绩效水平。

$$M_0(y^{t+1}, x^{t+1}, y^t, x^t) = \left[\left(\frac{D_0^t(x^{t+1}, y^{t+1})}{D_0^t(x^t, y^t)} \times \frac{D_0^{t+1}(x^{t+1}, y^{t+1})}{D_0^{t+1}(x^t, y^t)}\right)\right]^{1/2} \quad (6-8)$$

6.2　环境约束下服务业生产率测度的数据处理

本书收集了中国 31 个省份 2000～2012 年和服务业 13 个细分行业 2004～2012 年的相关数据，并对相关变量和数据进行以下处理：

（1）服务业产出—"好产出"。对于服务业的"好产出"来说，基于目前数据的可得性和众多学者的研究成果（Mahadevan，2000）、（刘兴凯等，2010）、（王恕立等，2012），我们用服务业的增加值来衡量服务业的产出。中国 31 个省份 2000～2012 年的服务业增加值均来自《中国统计年鉴》，服务业各细分行业 2004～2012 年的数据取自《中国第三产业统计年鉴》。并将原始增加值数据依据"第三产业增加值指数"进行指数平减，省级面板数据和行业面板数据分别换算为 2000 年不变价和 2004 年不变价[①]。

（2）服务业产出—"坏产出"。当前的经济活动造成的环境污染问题日

---

① 除交通运输、仓储和邮政业、批发和零售业、住宿和餐饮业、金融业、房地产业之外的服务业分行业增加值均按"第三产业增加值指数"中的"其他"进行换算。

益严峻，服务业也不例外。起初很多学者在处理环境污染变量时，都将其作为和资本、劳动等同的投入要素或者生产过程中的副产品来处理，直到钟等（1997）基于方向性距离函数的环境规制行为分析模型的出现，环境污染才被当作非期望产出和期望产出一起引入生产过程。该方法较为合理地拟合了环境因素在生产过程中的制约作用，能够给出真实的生产率度量（陈诗一，2010）。所以本书在测算环境约束下的服务业生产率时也将污染排放作为非期望产出来处理。由于中国服务业发展所产生的环境污染数据难以获取，所以很多学者对服务业生产率的研究都没有将环境污染纳入研究体系。我国"十一五"规划纲要中明确指出要在"十一五"期间将主要污染物排放总量减少10%，而主要污染物是指化学需氧量（COD）和二氧化硫（SO_2）。本书依据庞瑞芝等（2014）的做法，分别测算了中国服务业分区域 2000～2012 年和分行业 2004～2012 年的主要污染物排放量。

（3）劳动投入。就劳动投入来说，理论上需要考虑很多因素，比如就业者的工作时间、就业者的工作效率、就业者的工作质量等，但受限于数据的可靠性和获取性，很多指标选取并不能如愿。比如，郑京海等（2005）在测算中国省级生产率时将就业人数作为劳动投入，但他们认为用劳动时间比用就业人数能更好地测度劳动投入，只是不得不受限于劳动时间数据的难以获取性。杨勇（2008）和张军、施少华（2003）在测算全要素生产率时，也选取就业人数作为劳动投入量的指标①，但是他们认为劳动者的报酬所得即就业者的工资水平更能合理有效的测度劳动投入量，只是对于中国这样的发展中国家来说，贫富差距明显，收入差异巨大，分配机制有待完善，市场作用不够明显，也缺乏详尽的统计数据，所以最终只能用就业人数替代劳动投入量。然而，每个就业者的工作效率是不同的，不同的就业者拥有不同的劳动生产率，所以在测度劳动投入时，必须充分考虑劳动力的异质性特征（任若恩等，2009）。因此，已有学者在研究中对劳动投入的质量问题进行了考虑。如福克斯和斯梅茨（2011）在对丹麦企业的生产率进行研究时，提出了衡量劳动质量的四种

---

① 由于数据的可获取性，现有的测算中国服务业生产率的文献均采用就业人数指标，如刘兴凯等（2010）、杨勇（2008）等。

方法[1]。Zheng et al（2009）在考察中国的增长模式时，采用劳动者的人均受教育年限对劳动力质量进行了数据调整。为了考虑劳动投入质量对结果的影响，我们也试图对服务业细分行业的就业人数进行时序上的质量调整。但遗憾的是，通过查阅现有的统计资料[2]，无论是采用以上的哪种方法，我们都无法获得对服务业细分行业劳动投入进行质量调整所需要的相关数据。因此，我们只能选取服务业分行业的"年末从业人员数"作为劳动投入指标的代理变量。但是统计年鉴中并没有直接给出服务业各细分行业的就业人数，为了得到服务业分行业的就业人数，我们需要用服务业分行业的城镇单位就业人员数进行估算，即用服务业分行业城镇就业人员数占服务业城镇就业人员的比重估算。

（4）资本投入。资本投入我们用国际上通用的永续盘存法（perpetual inventory method）来进行估算，如下式：

$$K_{it} = (1 - \delta_{i,t})K_{i,t-1} + I_{i,t} = (1 - \delta_{i,t})^t K_{i,0} + \sum_{j=1}^{t} I_{i,j}(1 - \delta_{i,t})^{t-j}$$

$$(6-9)$$

在式（6-9）中，$I_{i,t}$ 为 i 地区（行业）在 t 年的服务业不变价固定资本投资额，K_{it} 为 i 地区（行业）在 t 年的服务业资本存量，$K_{i,t-1}$ 为 i 地区（行业）在 $t-1$ 年的服务业资本存量，$K_{i,0}$ 为以某一年为基年的资本存量，$\delta_{i,t}$ 为资本折旧率。可见，在测算服务业资本存量指标时，我们需要确定基年资本存量、固定资本投资额、折旧率以及固定资本投资价格指数。服务业分区域和分行业的固定资本投资额均可以通过统计年鉴直接获取，服务业分区域的固定资本投资额运用固定资本投资价格指数进行换算，换算为 2000 年的不变价。由于缺乏服务业分行业的固定资本投资价格指数，我们统一使用全社会固定资产投资价格指数代替，并将分行业的固定资本投资额换算为 2004 年的不变价。基年资本存量运用汉伯根（1978）提出的稳态方法（steady-state method），估算公式为：

---

① 即：a. 借鉴收入不平等文献的做法，将劳动者区分为"技能型"（skilled）（拥有大学学位）和"非技能型"（unskilled）；b. 采用人力资本进行调整；c. 将企业的工资单数据作为劳动质量的代理变量；d. 同时运用工资单和人力资本衡量。

② 我们查阅的统计资料主要包括：《中国统计年鉴》《中国第三产业统计年鉴》《中国劳动统计年鉴》《中国人口和就业统计年鉴》《新中国 60 年统计资料汇编》。

$$K_{i,t-1} = I_{i,t}/(g_{i,t} + \delta_{i,t}) \qquad (6-10)$$

该方法具有明确合理的经济学依据，从而得到了广泛应用，如林毅夫、刘培林（2003），李和基塞克（2012），巴罗和李（2010），吴延瑞（2009）等。在式（6－10）中，$g_{i,t}$ 为考察样本期内的产出平均增长率[1]。所以本书分别使用2000～2012年中国各省市的服务业实际增加值和2004～2012年中国服务业分行业实际增加值的几何平均增长率来表示。对于资本折旧率 $\delta_{i,t}$ 也没有统一的标准，如胡和卡恩（1997）采用的是中国官方折旧率3.6%，霍尔和琼斯（1999）与顾乃华（2008）取为6%，吴延瑞（2003）将资本折旧率设为7%，而麦迪逊（1998）将资本折旧率设为17%。吴延瑞（2009）对中国各省市三次产业的 $\delta_{i,t}$ 进行了模拟测算，得出中国各省市的服务业平均资本折旧率为4%，所以本书在测度中国各省市服务业的资本存量时，将4%设为资本折旧率。而对于服务业细分行业的资本折旧率来说，当前文献并没有较好的研究方法和研究结果[2]，而服务业分行业的数据又相对匮乏，所以我们在测度中国服务业细分行业的资本存量时，也将资本折旧率统一设为4%[3]。

（5）为了进行区域之间的比较分析，我们还将中国划分为东部、中部和西部三大地区[4]。

6.3　环境约束下服务业全要素生产率再测度

基于第6.1、第6.2节对环境约束下服务业全要素生产率的测算方法介绍

---

① 这样可以控制经济周期波动和产出的短期波动影响（Harberger，1978）。

② 事实上，由于服务业各行业具有自身的独特属性，理论上应充分考虑折旧率在行业间的差异和时间上的动态变化。

③ 当前很多现有文献都采用4%作为资本折旧率，如李和基塞克（2012）、巴罗和李（2010）、王恕立等（2012）、王恕立等（2015）。

④ 划分依据为第七个五年计划以及党中央国务院提出的"西部大开发"和发展与改革委员会的最新划分标准，东部地区包括11个省市区：北京、天津、河北、上海、江苏、浙江、福建、山东、广东、海南和辽宁；中部地区包括8个省市区：山西、河南、安徽、江西、湖北、湖南、黑龙江和吉林；西部地区包括12个省市区：内蒙古、广西、重庆、四川、贵州、云南、西藏、陕西、甘肃、青海、宁夏和新疆。

和数据处理过程，我们将环境因素纳入服务业生产率体系，对包含"非期望产出"下的服务业 TFP 进行再测算，并与不考虑环境因素的传统服务业 TFP 进行了比较分析，以期得出中国服务业发展的真实绩效。本书主要从区域和行业两个层面对环境约束下的服务业生产率变动进行分析，运用区域和行业两个层面的数据可以更好更准确地反映环境约束下中国服务业生产率的变动轨迹和态势。

6.3.1　从省级层面对中国服务业 TFP 的分析

表 6-1 列出了由省级面板数据得到的中国服务业总体曼奎斯特生产率指数及其分解。从表中可以看出，在不考虑环境因素的情形下，样本期内中国服务业生产率的年均增长率为 4.7%，生产率增长的驱动力主要是技术进步（4.2%），但同时也离不开技术效率的改进（0.5%）。相比于技术进步，技

表 6-1　　　　　　　中国 2000~2012 年服务业 TFP 增长率及其分解

年份	不考虑环境因素			考虑环境因素		
	技术效率	技术进步	TFP 指数	技术效率	技术进步	TFP 指数
2000~2001	0.977	1.029	1.005	0.989	1.037	1.025
2001~2002	0.982	1.029	1.011	0.993	1.040	1.033
2002~2003	1.013	1.014	1.027	0.986	1.028	1.013
2003~2004	1.003	1.031	1.034	1.008	1.008	1.017
2004~2005	1.019	1.035	1.055	1.002	1.030	1.032
2005~2006	1.002	1.048	1.050	0.973	1.046	1.017
2006~2007	0.980	1.098	1.077	1.004	1.054	1.058
2007~2008	1.017	1.065	1.065	1.000	1.033	1.033
2008~2009	1.003	1.056	1.059	0.993	1.043	1.035
2009~2010	1.024	1.039	1.064	0.986	1.066	1.052
2010~2011	1.012	1.044	1.057	0.985	1.060	1.044
2011~2012	1.031	1.031	1.063	1.007	1.022	1.029
平均值	1.005	1.042	1.047	0.994	1.039	1.032

资料来源：依据 6.1 测度方法和 6.2 数据处理测算整理而得。

术效率对中国服务业生产率增长的贡献作用偏弱，这从各年服务业生产率的增长情况也可以得到印证。可以明显看到，服务业发展过程中技术效率还存在可挖掘的潜力和空间，中国今后应从改善技术效率方面促进服务业生产率的提升（顾乃华，2008）。将环境因素纳入服务业生产率研究体系之后，环境约束下的中国服务业生产率年均增长率、技术进步增长率和技术效率增长率都出现了下滑，表现为 TFP 下降到了 3.2%，技术进步下降到了 3.9%，技术效率下降到了 -0.6%。二者相比较，环境约束下的中国服务业 TFP、技术进步和技术效率均要低于不考虑环境因素的服务业 TFP、技术进步和技术效率，其中 TFP 下降了 1.5%，技术进步下降了 0.3%，技术效率下降了 1.1%。可见，环境因素会影响中国服务业生产率水平的测算，若不考虑环境因素则会高估服务业生产率的增长、技术进步和技术效率。

从各年服务业 TFP 的增长情况来看，考虑环境因素和不考虑环境因素的中国服务业 TFP 在 2000~2012 年均表现为正增长，虽然偶有起伏，但整体上展现出正增长趋势，2001 年中国正式加入 WTO，为推动我国服务业对外开放和服务经济全球化提供了契机和舞台，这一阶段中国服务业 TFP 增长率为 0.5%。从 2001 年开始直到 2007 年，中国服务业 TFP 年均增长率的高增长势头不减，这很大一部分源于 WTO 给中国服务业带来的重大机遇，不仅有助于中国服务业市场竞争机制的完善，而且可以接触同领域内更为先进的生产设备和技术水平，由此带来的是服务业 TFP 增长率在 2007 年达到了最大值（7.7%、5.8%）。2008 年全球金融危机爆发，服务业领域也受到相当大的冲击，表现为不考虑环境因素和考虑环境因素的服务业 TFP 分别从 2007 年的 7.7% 和 5.8% 下降到了 2008 年的 6.5% 和 3.3%，2010 年之后服务业 TFP 增长率又开始回升，分别从 2009 年的 5.9% 和 3.5% 增长到了 2010 年的 6.4% 和 5.2%。同时，在服务业高速增长的背后，环境污染问题也日益凸显，环境约束下中国服务业 TFP、EC 和 TC 都出现了下滑。

从技术效率和技术进步的指标来看，不考虑环境因素和考虑环境因素下的服务业技术效率呈现出了上升势头，分别由 2001 年的 -2.3%（0.977）和 -1.1%（0.989）上升到了 2012 年的 3.1%（1.031）和 0.7%（1.007），技术进步在两种情形下都表现为正增长。但总体来看两种情形下服务业全要素生产率增长的源泉都在于技术进步，技术进步增长率始终处于正增长趋势，从 2000 年开始，每一年的技术进步增长率都超过了技术效率增长率，并且技术效率增长率都比较低，考虑环境因素下的服务业技术效率多数都呈现负增长，仅有个别年份出现了正增长。这与杨向阳、徐翔（2006）所得出 TFP 增长是以技术进步为主导的结论是一致的。这表明我国服务业还存在技术无效率状况，服务业发展过程中技术效率还存在可挖掘的潜力和空间，中国今后应从改善技术效率状况方面促进服务业生产率的提升。

表 6 - 2 列出了 2000 ~ 2012 年服务业产出、要素投入与 TFP 构成的增长率，Y 代表服务业产出、K 代表资本投入、L 代表劳动投入，TFP 贡献率表示服务业全要素生产率对服务业增长的贡献程度，其中各变量的增长率均为几何平均值。与其他投入要素相比，TFP 增长对中国服务业增长的贡献率较低，2000 ~ 2012 年的 TFP 贡献率仅为 26.8%，可见有 70% 以上的贡献率来自要素投入，服务业增长的主导因素在于要素投入，服务业增长模式仍然以粗放型增长为主，在样本期内，服务业资本投入和劳动投入的增长率分别达到了 7.57% 和 3.53%。这一点与服务业增长中 TFP 较低的贡献率也是吻合的。今后应当引导和促进服务业增长模式转变，由现在的要素投入转变为以生产率提高促进服务业增长和发展的集约型增长模式。

表 6 - 2　2000 ~ 2012 年服务业产出、要素投入与 TFP 构成的增长率 （%）

年份	Y	L	K	TFP	TFP 贡献率	技术效率	技术进步
2000 ~ 2012	11.96	3.53	7.57	3.2	26.8	- 0.6	3.9

资料来源：根据 6.2 和表 6 - 1 测算整理而得。

表 6 - 3 列出了我国大陆各省份 2000 ~ 2012 年的服务业 Malmquist 生产率指数及其分解，另外考虑到各区域之间的异质性特征，本书还测算了我国大陆三大区域的增长率，各增长指数在区域间的变动充分表明，我国服务业 TFP 的变动存在着明显的区域差异。从表中可以看出，各省份区间 TFP 增长差异极大，不考虑环境因素的情形下，2000 ~ 2012 年平均增长率最高的是浙江，达到了 7.6%，增长率最低的是江西和云南两省，同为 2.9%，并且我国大陆各省份的服务业生产率都呈现正增长，基本没有出现负增长的区域。而

在考虑了环境因素之后，2000～2012 年平均增长率最高的是天津市，达到了 9.2%，贵州和云南两省的服务业 TFP 出现了负增长（-0.4% 和 -0.1%）。与前文所述相一致，在加入环境因素之后，服务业全要素生产率同比都出现了显著下降，仅有个别省份表现为持平和上升趋势（上海、北京、天津、福建）。可见近年来虽然我国服务业 TFP 都取得了长期的增长，且 TFP 长期增长的动力主要来自技术进步（技术效率在此过程中的贡献作用偏弱，特别是考虑环境因素之后很多省份的技术效率增长率为负），但各省份在服务业发展的过程中都出现了以严重破坏生态环境为代价的粗放增长。与此同时，随着生产要素的大量投入，中国各省份的技术进步都表现出了非常明显的增长势头，但服务业发展过程中技术效率还存在可挖掘的潜力和空间，中国今后应从改善技术效率状况方面促进服务业生产率的提升。

表 6-3   2000～2012 年中国各省份服务业 TFP 增长率及其分解

省份	不考虑环境因素					考虑环境因素				
	技术效率	技术进步	TFP指数	服务业增长率	TFP贡献率	技术效率	技术进步	TFP指数	服务业增长率	TFP贡献率
北京	1.000	1.046	1.046	11.60	39.66	1.000	1.053	1.053	11.60	45.31
天津	1.019	1.038	1.058	13.21	43.91	1.012	1.080	1.092	13.21	69.83
河北	1.012	1.035	1.048	11.55	41.56	0.991	1.044	1.035	11.55	29.97
山西	0.997	1.042	1.039	11.88	32.83	0.973	1.043	1.015	11.88	12.90
内蒙古	1.012	1.044	1.057	14.97	38.08	1.003	1.045	1.048	14.97	32.29
辽宁	1.005	1.042	1.047	11.79	39.86	0.998	1.045	1.042	11.79	35.82
吉林	1.013	1.043	1.057	12.11	47.07	1.003	1.040	1.043	12.11	35.37
黑龙江	0.993	1.042	1.035	11.17	31.33	1.000	1.020	1.020	11.17	18.17
上海	1.000	1.063	1.063	11.11	56.71	1.000	1.063	1.063	11.11	56.65
江苏	1.025	1.036	1.061	12.93	47.18	1.005	1.046	1.052	12.93	39.96
浙江	1.030	1.045	1.076	12.74	59.65	1.005	1.047	1.053	12.74	41.30
安徽	0.993	1.042	1.035	11.35	30.84	0.983	1.031	1.014	11.35	12.35
福建	1.000	1.036	1.036	11.23	32.06	1.000	1.059	1.059	11.23	52.92
江西	0.987	1.043	1.029	9.73	29.80	0.997	1.020	1.017	9.73	17.50
山东	1.000	1.043	1.043	12.31	34.93	0.993	1.049	1.042	12.31	33.83
河南	0.993	1.042	1.035	11.36	30.81	0.980	1.043	1.022	11.36	19.80

续表

省份	不考虑环境因素					考虑环境因素				
	技术效率	技术进步	TFP指数	服务业增长率	TFP贡献率	技术效率	技术进步	TFP指数	服务业增长率	TFP贡献率
湖北	1.000	1.044	1.044	11.89	37.01	0.998	1.029	1.027	11.89	22.57
湖南	0.994	1.042	1.036	11.91	30.23	1.001	1.017	1.018	11.91	15.31
广东	1.020	1.047	1.068	11.59	58.67	1.000	1.058	1.058	11.59	49.72
广西	0.998	1.042	1.040	11.55	34.63	1.001	1.033	1.034	11.55	29.40
海南	0.999	1.045	1.043	11.81	36.41	1.000	1.018	1.018	11.81	15.13
重庆	1.015	1.036	1.051	11.32	45.05	0.983	1.032	1.015	11.32	13.25
四川	0.997	1.044	1.040	11.46	34.90	0.991	1.029	1.020	11.46	17.54
贵州	1.010	1.042	1.053	13.93	38.05	0.973	1.024	0.996	13.93	-2.83
云南	0.997	1.033	1.029	11.30	25.66	0.964	1.037	0.999	11.30	-0.55
西藏	0.996	1.040	1.035	13.04	26.84	0.994	1.035	1.029	13.04	22.09
陕西	1.023	1.042	1.066	12.55	52.59	0.998	1.038	1.036	12.55	28.38
甘肃	1.014	1.043	1.057	11.63	49.01	0.984	1.032	1.016	11.63	13.60
青海	1.005	1.043	1.047	11.08	42.42	0.993	1.024	1.017	11.08	15.07
宁夏	1.001	1.035	1.036	9.87	36.47	1.004	1.030	1.035	9.87	35.06
新疆	1.013	1.034	1.047	11.54	40.73	0.978	1.041	1.018	11.54	15.87
全国平均	1.005	1.042	1.047	11.85	39.66	0.994	1.039	1.032	11.85	27.20
东部平均	1.010	1.043	1.054	11.99	45.04	1.001	1.052	1.054	11.99	45.04
中部平均	0.996	1.043	1.039	11.42	34.15	0.992	1.031	1.022	11.42	19.26
西部平均	1.007	1.040	1.047	12.02	39.10	0.991	1.034	1.024	12.02	19.97

资料来源：根据6.1测度方法和6.2数据处理测算整理而得。

通过对东部、中部、西部地区的服务业 TFP 及其分解的平均增长率进行考察，我们发现，在整个考察期内，三大区域之间的 TFP 增长差异性也很大，不考虑环境因素的情形下，三大地区的服务业 TFP 平均增长率依次为东部地区（5.4%），西部地区（4.7%），中部地区（3.9%）；考虑环境因素的情形下，三大地区的服务业 TFP 平均增长率依次为东部（5.4%）、西部（2.4%）、中部（2.2%）。不论是考虑环境因素还是不考虑环境因素，各区域服务业全要素生产率增长的源动力都主要在于技术进步（考虑环境因素的情形下，东部、中部、西部区域的技术进步增长率分别为5.2%、3.1%和

3.4%，不考虑环境因素的情形下，东部、中部、西部地区的技术进步增长率分别为 4.3%、4.3% 和 4%），技术效率对服务业生产率增长的贡献作用微弱，甚至表现为负增长。东部地区的服务业 TFP 增长率要高于中、西部地区，这与东部地区优越的地理位置和相对发达的经济发展水平是密不可分的，另外国家对东部地区的政策优惠也要优于中西部地区。此外在人才引进（高层次人才也更倾向于流向东部地区）和研发经费投入方面，东部地区的力度也要大于中西部地区。不考虑环境因素的情形下西部地区的 TFP 增长率与全国同期的平均增长水平基本持平，考虑环境因素之后西部地区的 TFP 增长率要低于全国同期的平均增长水平，而两种情形下中部地区的 TFP 增长率均低于全国同期的平均增长水平，可见环境对中部、西部地区服务业生产率的影响要明显大于东部地区。让我们感到迷惑的是，两种情形下西部地区的 TFP 增长率都要高于中部地区，我们认为这主要是由于西部地区要素投入的低增长率造成的（刘兴凯等，2010）。另外中部地区存在生产无效率、资源和技术潜力尚未得到应有发挥的现象，不考虑环境因素的情形下西部技术效率增长率（0.7%）要高于中部技术效率增长率（−0.4%），因而西部地区的 TFP 增长率要高于中部地区。这也从侧面反映出中国西部地区服务业发展赶超东部地区的趋势要优于中部地区服务业发展赶超东部地区的趋势（徐盈之等，2009）。

从服务业 TFP 的贡献率来看，不考虑环境因素的情形下 2000～2012 年贡献率超过 50% 的省份只有 4 个，分别是上海、浙江、广东和陕西，低于 30% 的省份有 3 个，分别是江西、云南和西藏。在考虑了环境因素之后 2000～2012 年贡献率超过 50% 的省份有天津、上海和福建，广东省的 TFP 贡献率接近 50%（为 49.72%），低于 30% 的省份增加到了 18 个之多，贵州省和云南省的 TFP 贡献率甚至表现为负增长。综合可见，TFP 增长对中国服务业增长的贡献率较低，劳动和资本要素的投入仍然是中国各省份服务业增长的主要源动力，今后我国服务业发展应注重于增长模式的转变，即由依靠生产要素投入的粗放型增长转变为以生产率提升来促进服务业增长和发展的集约型增长模式。

6.3.2　从行业层面对中国服务业 TFP 的分析

限于数据的可得性和行业分类标准的不同，本书采用了 2004～2012 年的中国服务业分行业数据，对两种情形下服务业生产率的行业差异进行考察。为节省篇幅，本书不再从行业角度对中国服务业总体的生产率变动进行分析，本书主要分析中国服务业分行业 TFP 及其分解的行业异质程度变化趋势。经过测算我们得出了两种情形下服务业细分行业的全要素生产率变动及其分解，从服务业 TFP、EC 和 TC 行业变动的指数可以看出，2004～2012 年间服务业分行业的 TFP、EC、和 TC 变动都呈现出较强的异质性特征。

表 6-4 列出了中国 2004～2012 年服务业细分行业 TFP 及其分解的变动指数，可以看出在不考虑环境因素的情形下，样本期内 TFP 增长率最高的行业主要是交通运输、仓储和邮政业以及文化、体育和娱乐业，TFP 增长率同为 8.8%。增长率高于 5% 的行业有水利、环境和公共设施管理业，交通运输、仓储和邮政业，批发和零售业，金融业，教育，文化、体育和娱乐业，居民服务和其他服务业。TFP 增长率最低的是房地产业，仅有 1.2%。将环境因素纳入服务业生产率体系之后，样本期内服务业 TFP 增长率最高的行业仍是交通运输、仓储和邮政业（2.9%），而金融业、居民服务和其他服务业的 TFP 年均增长率基本没有变动。综合来看，考虑环境因素后的服务业 TFP 增长率（1.9%）显著低于不考虑环境因素的服务业 TFP 增长率（4.9%），从各细分行业的技术效率和技术进步变化指数可以看出，后者才是服务业全要素生产率增长的源泉，技术进步的提高促进了服务业 TFP 增长。将环境因素排除在外，服务业的技术效率增长率为 -2.1%，技术进步增长率为 7.2%，加入环境因素后，服务业的技术效率增长率为 -0.7%，技术进步增长率为 2.7%。可见，环境因素显著影响服务业生产率水平的测算，不考虑环境因素会高估服务业的 TFP 增长率和技术进步增长率，但低估了服务业的技术效率增长率。如同服务业生产率的区域差异一样，这同样表明，随着生产要素的大量投入，中国服务业分行业的技术进步都表现出了非常明显的增长势头，但服务业发展过程中技术效率还存在可挖掘的潜力和空间，中国今后应从改

善技术效率状况方面促进服务业生产率的提升。

表 6 - 4   2004～2012 年中国服务业细分行业 TFP 增长率及其分解

年份	行业	不考虑环境因素				考虑环境因素			
		技术效率	技术进步	TFP 指数	TFP 贡献率	技术效率	技术进步	TFP 指数	TFP 贡献率
2004～2012	交通运输、仓储和邮政业	1.004	1.084	1.088	76.39	0.998	1.031	1.029	23.31
	信息传输、计算机服务和软件业	0.947	1.084	1.027	21.81	1.000	1.026	1.026	16.93
	批发和零售业	1.017	1.065	1.083	46.14	1.000	1.026	1.026	14.39
	住宿和餐饮业 *	0.970	1.052	1.020	14.63	0.996	1.027	1.024	17.05
	金融业	1.000	1.065	1.065	30.20	1.000	1.000	1.000	0.00
	房地产业	0.951	1.064	1.012	6.96	0.984	1.018	1.002	1.68
	租赁和商务服务业	0.958	1.069	1.024	13.43	0.980	1.044	1.024	15.75
	科学研究、技术服务和地质勘查业	0.955	1.076	1.027	14.36	0.997	1.051	1.027	15.48
	水利、环境和公共设施管理业	0.981	1.080	1.060	41.02	0.995	1.025	1.020	10.76
	居民服务和其他服务业 *	1.000	1.059	1.059	38.03	1.000	1.000	1.000	0.00
	教育 *	0.982	1.074	1.054	34.54	0.990	1.034	1.024	13.50
	卫生、社会保障和社会福利业 *	0.962	1.080	1.039	28.24	0.995	1.031	1.025	17.32
	文化、体育和娱乐业 *	1.003	1.084	1.088	57.86	0.992	1.033	1.024	15.77
	平均值	0.979	1.072	1.049	30.95	0.993	1.027	1.019	12.19
	生产性服务业	0.977	1.073	1.048	30.69	0.992	1.028	1.019	12.15
	生活性服务业	0.984	1.070	1.052	32.24	0.995	1.025	1.020	12.40

注：表中标注 * 的为生活性服务业，未标注 * 的为生产性服务业。
资料来源：根据 6.1 测度方法和 6.2 数据处理测算整理而得。

此外本书还参照王恕立、胡宗彪（2012）的做法，按照服务业分行业的特性，将所有服务业归结为生活性服务业和生产性服务业两类。测算出的结果显示，两种情形之下的生活性服务业 TFP 指数变动都要高于生产性服务业，不考虑环境因素和考虑环境因素下的生产性服务业 TFP 和生活性服务业 TFP 年均增长率分别为 4.8%、5.2% 和 1.9%、2%，当前人均收入水平增加，人民生活水平日益提高，人们对生活有了更高层次的追求，为了满足人们的精神需求和生活品质，生活性服务业的质量得到了更好更高的发展，进而带动了生产率的提升（特别是生活性服务业中的文化、体育和娱乐业，两种情形下 TFP 年均增长率分别达到了 8.8% 和 2.4%）。生产性和生活性服务业 TFP 的增长均来自技术进步的推动，技术效率均呈现负增长，存在服务业的无技术效率问题。与整个服务行业的 TFP 增长率相比较，生产性服务业的 TFP 年均增长率和整个服务业行业的 TFP 增长率基本相当，而生活性服务业的 TFP 年均增长率要稍高于整个服务行业的 TFP 增长率。

从服务业 TFP 的贡献率来看，不考虑环境因素的情形下，2004～2012 年只有文化、体育和娱乐业，交通运输、仓储和邮政业两个行业的 TFP 对服务业增长的贡献度超过了 50%，其他行业的 TFP 贡献率都低于 50%，贡献率最低的房地产业仅有 6.96%。将环境因素纳入服务业生产率体系之后，2004～2012 年各细分行业的 TFP 贡献率都极低，房地产业的 TFP 贡献率仅有 1.68%，金融业、居民服务和其他服务业的 TFP 贡献率甚至为零。对比生产性服务业和生活性服务业，两种情形下二者 TFP 贡献率分别为 30.69%、32.24% 和 12.15%、12.4%，生活性服务业 TFP 增长对服务业增长的贡献率要高于生产性服务业 TFP 增长对服务业增长的贡献率，这表明近年来中国生活性服务业增长的质量要高于生产性服务业，间接佐证了生产性服务业发展的问题所在，中国今后应该从质量上着手来提高生产性服务业的发展水平。

6.3.3　中国服务业区域与行业 TFP 变动的差异分析

本书将环境因素纳入服务业生产率研究框架，运用省级面板数据和行业面板数据分别测算了两种情形下的中国服务业 TFP 变动及其分解指数。结果表明，环境因素显著影响中国服务业生产率水平的测算，不考虑环境因素下的服务业全要素生产率并不能反映中国服务业生产率的真实绩效。环境约束下的中国服务业 TFP 区域变动和行业变动均要显著低于不考虑环境因素的中国服务业 TFP 变动。法尔等（2001）的研究指出：基于传统距离函数的曼奎斯特生产率指数和基于方向性距离函数的 ML 指数存在差异的关键点取决于

"期望产出"和"非期望产出"的相对增长率，在投入要素一定的情况下，若"期望产出"的增长率高于"非期望产出"的减少率，那么 ML 指数就会低于曼奎斯特生产率指数。本文的测算结果显示，将环境因素纳入服务业生产率体系之后，服务业 TFP 出现显著下降，说明了我国服务业环境管理的无效率，服务业发展过程中并没有兼顾到资源的承载能力和环境污染问题。

两种情形下中国服务业的 TFP 变动都存在明显的区域和行业发展差异，技术进步是 TFP 变动的主要推动力量，技术效率的作用偏低。将两者对比发现，尽管不考虑环境因素会同时高估服务业 TFP 的区域变动（3.2% ~4.7%）和行业变动（1.9% ~4.9%），但服务业 TFP 的区域变动高估是由于同时高估了技术效率区域变动（－0.6% ~0.5%）和技术进步区域变动（3.9% ~4.2%），而服务业 TFP 的行业变动高估则是由于高估的技术进步行业变动（2.7% ~7.2%）抵消了低估的技术效率行业变动（－0.7% ~ －2.3%）。环境约束下服务业 TFP 的行业年均增长率要显著低于服务业 TFP 的区域年均增长率，这一方面可能与本书所采用的服务业分行业污染数据衡量方法存在一定关系[①]，另一方面尽管服务业技术效率的行业变动和区域变动同时表现为负增长，但技术进步的区域变动要明显大于技术进步的行业变动。同时表明中国服务业 TFP 的行业增长和区域增长都比较粗放，服务业 TFP 在增长的过程中不可避免的带来了环境污染问题，也间接表明了中国服务业并没有完全挖掘出技术效率现有的资源和潜力（王恕立等，2012），利用技术效率改善来促进服务业全要素生产率增长还存在很大空间。所以，忽视环境因素对服务业生产率进行测算是存在偏差的，并不是服务业生产率的真实绩效反映，并且也可能会带来一些政策决议上的误导。

从服务业 TFP 对服务业增长的贡献率来看，不考虑环境因素的情形下，尽管服务业的区域增长率（11.85%）低于服务业的行业增长率（15.83%），但服务业区域 TFP 对服务业区域增长的贡献率要优于服务业行业 TFP 对服务业行业增长的贡献率，区域 TFP 贡献率为 39.66%，行业 TFP 贡献率为

---

① 由于数据的可得性，统计资料并没有明确公布服务业分行业的环境污染数据，故本书只能参照庞瑞芝（2014）的做法，测算出服务业分行业的环境污染近似数据。

30.95%，同时优于生产性和生活性服务业 TFP 贡献率，且东部、中部、西部的 TFP 贡献率统一高于行业 TFP 贡献率。考虑了环境因素之后，服务业区域 TFP 对服务业区域增长的贡献率下降到了 27.2%，但仍然要高于服务业行业 TFP 对服务业行业增长的贡献率（12.19%），同时高于生产性和生活性服务业的 TFP 贡献率（分别为 12.15% 和 12.4%）。以上数据充分表明两种情形下资本和劳动要素的投入仍然是中国服务业增长的主要源动力，今后应引导和促进服务业增长模式的转变，由依靠要素投入驱动向生产率提升促进服务业增长的模式转变。

以上分析都表明不考虑环境因素的传统测算方法显著高估了服务业 TFP 的增长率，虽然由于技术进步的推动作用，我国服务业 TFP 取得了长足的增长，但服务业 TFP 增长对中国服务业增长的贡献率较低，且服务业发展的过程中所表现出的粗放型增长特点依然明显，所带来的环境污染问题也日益严峻。我国服务业还存在技术无效率状况，服务业发展过程中技术效率还存在可挖掘的潜力和空间，中国今后应从改善技术效率状况方面促进服务业生产率的提升。

环境因素显著影响中国服务业生产率水平的测算，不考虑环境因素下的服务业全要素生产率并不能反映中国服务业生产率的真实绩效。环境约束下的中国服务业 TFP 区域变动和行业变动均要显著低于不考虑环境因素的中国服务业 TFP 变动。考虑资源环境约束后中国服务业 ML 生产率指数的显著下降说明我国服务业环境管理的无效率，服务业发展过程中并没有兼顾到资源的承载能力和环境污染问题。

6.3.4 稳健性结果检验

为了考察资本折旧率以及基年资本存量测算方法的不同对本书测算结果的影响，我们还参照王恕立等（2012）的做法，对本书环境约束下服务业全要素生产率的测算结果进行了稳健性分析[①]。所有测算结果都列于表 6-5 之

---

① 具体做法是：首先，保持本书所取的折旧率不变（4%），采用霍尔和琼斯（1999）和原毅军等（2009）的基年资本存量估计方法；其次，保持本书资本存量的估计方法不变，将折旧率分别设为吴延瑞（2003）中的7%和张军（2008）中的9.6%；最后，同时改变折旧率和资本存量的估计方法。

中。依据表 6 – 5 中的测算数据，并与前文的测算结果相比较，我们发现测算结果并没有发生实质性变化，对于本书的研究结论也没有产生实质性影响，因此，本书的计算结果可以说是稳健的。

表 6 – 5　　　　　环境约束下中国服务业生产率的稳健性分析结果

折旧率	指数	省级面板数据测算结果（2000 ~ 2012 年）		行业面板数据测算结果（2004 ~ 2012 年）	
		Harberger 基年资本存量估计方法	原毅军等基年资本存量估计方法	Harberger 基年资本存量估计方法	原毅军等基年资本存量估计方法
4%	技术效率	0.9937	0.9936	0.9928	0.9929
	技术进步	1.0387	1.0387	1.0265	1.0266
	TFP 指数	1.0322	1.0321	1.0192	1.0193
7%	技术效率	0.9937	0.9936	0.9757	0.9929
	技术进步	1.0394	1.0394	1.0463	1.0266
	TFP 指数	1.0329	1.0327	1.0209	1.0193
9.6%	技术效率	0.9937	0.9936	0.9928	0.9929
	技术进步	1.0401	1.0401	1.0265	1.0266
	TFP 指数	1.0336	1.0335	1.0192	1.0193

注：限于篇幅，本书只给出了各种组合下的平均结果。

资料来源：根据 6.1 测度方法和 6.2 数据处理测算整理而得。

6.4　环境约束下中国服务业生产率收敛性检验

环境约束下中国服务业全要素生产率（不管是分区域还是分行业）变动显现出了强烈的异质性特征，所以对环境约束下中国服务业 TFP 的收敛性进行检验，有助于我们更加清晰的认识和把握服务业环境全要素生产率的演进轨迹。关于生产率收敛的研究可以追溯到新古典增长模型时期（Solow，1956；Swan，1956）。新古典经济增长理论认为，由于边际报酬递减规律的存在，与高收入水平国家相比，经济增长速度在低收入水平国家表现得更为显著，这样二者的经济发展水平会逐渐接近，最终可能趋同。内生经济增长理论将知识资本、人力资本内生化引入经济增长模型解释经济长期增长的源泉，强调资本积累在经济增长中的重要性，与低收入水平国家相比，资本积累存量在高收入水平国家表现得更为显著，所以趋同性在二者之间可能不会出现（Romer，1986；Lucas，1988）。鉴于此，众多学者就这两种趋同理论分歧展开了经验检验和实证支持，最开始的收敛问题主要集中于人均收入和人均GDP方面（Baumol，1986；Barro，1991；Islam，1995）。中国的许多学者也对中国经济增长的收敛问题进行了探究，刘夏明等（2004）以中国区域经济为研究对象，选取1980~2001年相关数据，考察了中国区域经济差距之间的收敛性，结论显示内陆和沿海地区之间的差距是地区经济发展不平衡的主要原因，并且区域之间的经济差距没有缩小的趋势。此外，滕建州等（2006）运用时间序列数据，选取1952~2003年相关数据，对我国区域经济增长的收敛性进行了检验，蔡昉等（2000）、林毅夫等（2003）也就中国经济增长的趋同性进行了实证分析。也有学者从收入和全要素生产率对比的角度出发，对收敛理论的分歧展开了实证追求，具有代表性的有伯纳德和琼斯（1996）、米勒和阿帕德海耶（2002）、彭国华（2005）等。彭国华（2005）选取中国的省级面板数据，对中国的TFP和收入收敛情况进行了考察，结果显示中国全要素生产率和收入展现出了相似的收敛模式，二者都只有条件收敛，并且对二者的收敛速度进行了比较，发现不管采取何种回归方法，TFP的收敛速度（13%~16.9%）均要快于收入的收敛速度（4.8%~7.3%）。上述文献为我们分析地区经济增长差距和收入差距提供了重要的借鉴价值，但基本都局限于对总体层面和省级层面的经验研究，涉及从产业层面对全要素生产率的收敛性研究文献还比较薄弱。后期有学者也逐渐从产业层面出发，对全要素生产率的收敛性研究进行了空白填补，如杨正林等（2008）对能源生产率的收敛研究，徐盈之等（2009）对中国信息服务业的收敛研究等。刘兴凯等（2010）对中国服务业的TFP收敛问题展开了实证研究，实证结果表明，中国服务业TFP的增长幅度从改革开放之后呈现出了下降趋势，各省市的TFP增长也呈现出长期的收敛趋势。本书主要用到的是基于新古典经济学理论基础上的且经济文献中常用到的绝对收敛分析和条件收敛分析方法，对环境约束下中国服务业生产率[①]的收敛性问题进行实证检验。

6.4.1 环境约束下服务业生产率的收敛性检验方法

（1）绝对收敛分析方法。绝对收敛包括 σ 收敛和绝对 β 收敛，σ 收敛表示随着时间推移经济增长在地区间的差距呈现缩小趋势，是对收敛概念的直观理解，若符合这一现象则是 σ 收敛，反之则不是 σ 收敛；绝对 β 收敛是指经济体的经济增长速度与初始水平之间呈现负相关关系，落后经济体的经济增长速度要快于发达经济体，落后经济体与发达经济体之间存在赶超趋势，并最终趋于稳态水平。现在大多数学者检验 σ 收敛的主要方法是运用分布估计方法中的标准差和变异系数统计指标检验（Rezitis, 2010；Liu et al., 2011；李谷成，2009；刘兴凯等，2010；杨正林等，2008）。一般来说，可以用变异系数、基尼系数、σ 系数来体现收敛的分布方法。对于本书所要研究的服务业生产率收敛来讲，变异系数、基尼系数、σ 系数的计算公式如下：

$$V = S/tfp_t \qquad (6-11)$$

$$S = \sqrt{\frac{\left[\sum_i (TFP_{it} - tfp_t)^2\right]}{N}} \qquad (6-12)$$

$$G = 1 + \frac{1}{N} - \frac{2}{N^2 \times tfp_t} \times (TFP_1 + 2TFP_2 + 3TFP_3 + \cdots + nTFP_n) \qquad (6-13)$$

$$\sigma = \sqrt{\frac{\left[\sum_i (\ln TFP_{it} - \ln tfp_t)^2\right]}{N}} \qquad (6-14)$$

其中，V 代表变异系数；G 代表基尼系数；σ 代表 σ 系数；N 代表地区（行业）个数；S 代表标准差；TFP_{it} 代表 i 地区（行业）t 年的服务业生产率；tfp_t 代表所有地区（所有行业）t 年服务业生产率的平均值；$\ln TFP_{it}$ 代表服

[①] 为了统一，本书对服务业生产率的收敛性检验都是基于环境约束视角下的服务业全要素生产率。

务业生产率的对数值。特别强调的是，在式（6 - 13）中，$TFP_1 \geqslant TFP_2 \geqslant TFP_3 \geqslant \cdots \geqslant TFP_n$。

对于绝对 β 收敛的检验，本书依据 Barro and Sala-I-Martin（1995）、Bernard 等（1996）、彭国华（2005）的检验方法，将我国服务业 TFP 增长的绝对 β 收敛模型设定为：

$$(\ln TFP_{i,t+T} - \ln TFP_{i,t})/T = \alpha + \beta \ln TFP_{i,t} + \varepsilon_{i,t} \qquad (6 - 15)$$

其中，T 为所考察的时间跨度；$\ln TFP_{i,t}$ 表示 i 地区（行业）初始年份的服务业生产率；$\ln TFP_{i,t+T}$ 表示 i 地区（行业）T 年的服务业生产率；$(\ln TFP_{i,t+T} - \ln TFP_{i,t})/T$ 表示 i 地区（行业）在 T 时间段内服务业生产率的年均增长率；$\varepsilon_{i,t}$ 为随机扰动项。如果 $\beta < 0$ 且在统计意义上显著，则服务业生产率的增长率与初始服务业生产率呈反比，落后地区（行业）的服务业生产率可以实现对发达地区（行业）的赶超，服务业生产率存在绝对 β 收敛，反之则不存在。

（2）条件收敛分析方法。前文设定了我国服务业 TFP 增长的绝对 β 收敛检验模型，此模型中服务业生产率收敛的影响因素是唯一的（基期的服务业生产率水平）。巴罗和萨拉伊马丁的条件 β 收敛检验模型中，除了基期的人均收入水平之外，还考虑了其他一些影响因素（Barro and Sala-i-Martin，1992）。所以我们在本书绝对 β 收敛检验的模型基础之上，加入其他一些影响服务业生产率收敛的变量，就成为服务业生产率条件 β 收敛的检验模型。本书将服务业生产率条件 β 收敛检验的模型设定如下：

$$\ln(y_{i,t+1}/y_{i,t}) = \alpha + \beta \ln(y_{i,t}) + \sum_{j=1}^{n} \gamma_j x_{i,t}^j + \mu_{i,t} \qquad (6 - 16)$$

其中，$\beta = -(1 - e^{-\lambda T})/T$，$\lambda$ 为收敛速度，$\ln(y_{i,t+1}/y_{i,t})$ 表示 i 地区（行业）在每一段时间内服务业生产率增长率的平均值，$\ln(y_{i,t})$ 为 i 地区（行业）基年的服务业生产率，x_j 为影响服务业生产率收敛的其他因素，$\mu_{i,t}$ 为随机扰动项。如果 $\beta < 0$ 且在统计意义上显著，则服务业生产率的增长率与初始服务业生产率呈反比，落后地区（行业）的服务业生产率可以实现对发达地区（行业）的赶超，表示加入其他控制变量后，服务业 TFP 增长存在条件 β 收敛，反之则不存在。

6.4.2 环境约束下服务业生产率 σ 收敛检验分析

σ 收敛表示随着时间推移经济增长在地区间的差距呈现缩小趋势，是对收敛概念的直观理解，若符合这一现象则是 σ 收敛，反之则不是 σ 收敛。一般通过地区间（行业间）水平指标的标准差或变异系数来反映其差距的变化趋势，本书对环境约束下我国服务业全要素生产率区域变动和行业变动的 σ 收敛检验选取变异系数指标，并对三大区域内部以及区域和行业变动的 σ 收敛进行对比分析。依据前文所给出的标准差和变异系数的测算公式，本书测算了中国总体及三大区域自身 2001~2012 年环境约束下服务业 TFP 增长的变异系数值，测算结果见表 6-6 和图 6-1。

表 6-6　东部、中部、西部地区以及全国服务业生产率的变异系数值

年份	东部	中部	西部	全国	年份	东部	中部	西部	全国
2001	0.0985	0.0128	0.1633	0.1167	2007	0.1910	0.0828	0.1373	0.1750
2002	0.1212	0.0290	0.1860	0.1359	2008	0.1807	0.0912	0.1373	0.1729
2003	0.1068	0.0383	0.2089	0.1461	2009	0.1585	0.0909	0.1199	0.1585
2004	0.1140	0.0432	0.1794	0.1346	2010	0.2303	0.1003	0.1766	0.2276
2005	0.1396	0.0420	0.1446	0.1356	2011	0.2223	0.1086	0.1811	0.2557
2006	0.1711	0.0626	0.1576	0.1645	2012	0.2242	0.1172	0.1770	0.2611

注：不含港澳台地区数据。

资料来源：根据式（6-11）计算整理而得。

表 6-6 和图 6-1 显示了我国总体和东部、中部、西部三大地区服务业 TFP 的 σ 收敛情况。从服务业全要素生产率的变异系数看，全国服务业 TFP 的变异系数呈现逐渐增大上升的趋势，并没有随时间的推移逐步缩小，这说明全国服务业 TFP 不存在 σ 收敛。首先，从三大地区服务业生产率差异的变异系数的横向比较来看，我们拿西部地区的服务业生产率差异与东部地区相比，发现除了 2001~2005 年之外，其他年份均要小于东部，而中部地区服务业生产率差异在整个样本期间内均小于东部和西部地区服务业生产率差异，即中部地区的服务业 TFP 变异系数最小。其次，从图 6-1 中可以看出，服务

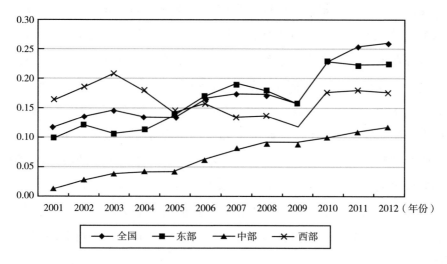

图 6 - 1　全国及东部、中部、西部地区服务业生产率变异系数

注：不含港澳台地区数据。

资料来源：作者计算整理而得。

业生产率差异在整个样本期间内都呈扩大趋势的只有中部地区，西部和东部地区的服务业生产率差异在整个样本期间内呈波动趋势，有升有降，但总体来看还是以上升趋势为主。综合来看，三大地区的服务业生产率差异都没有随着时间的推移逐步缩小，区域服务业生产率差异的内部差距正在扩大。

　　本书也简要分析了三大区域服务业生产率差距扩大的原因：笔者认为东部地区服务业生产率差异的扩大可能与本书对东部地区区域的划分有关（既有服务业生产率年均增长率较高的天津、上海，也有年均增长率较低的海南）；而中部地区服务业生产率的差异尽管也呈扩大趋势，但其年均增长率相对较为均衡，所以变异系数也是三个地区中最小的；西部地区中的贵州省和云南省服务业环境 TFP 在整个样本期间内均为负增长，直接拉大了与其他省份内部之间的差距。可见现阶段我国服务业领域在治理环境污染方面的技术还相对匮乏，我国各地区间服务业生产率差异并不符合 σ 收敛的基本条件，随着时间推移差距没有表现出缩小趋势，即不存在 σ 收敛，各地区间的服务业 TFP 内部差距正在扩大。

　　同样我们也依据变异系数的测算公式，对 2004 ~ 2012 年中国服务业分行业全要素生产率的变异系数进行了测算，具体数据如表 6 – 7 所示。表 6 – 7 显示了我国服务业分行业 TFP 差异的变异系数。从 TFP 差异的变异系数来看，尽管服务业各细分行业的变异系数值波动性较大，但整体上来看呈现逐步增大的趋势，没有随时间的推移逐步缩小，说明环境约束下服务业各细分行业的服务业 TFP 整体上不存在 σ 收敛趋势，服务业各细分行业间的内部差距逐步增大。同时我们也对生产性服务业和生活性服务业的服务业生产率的变异系数进行了测算，结果表明，生产性服务业和生活性服务业的服务业 TFP 差异同样呈扩大趋势，不存在 σ 收敛。综上表明，我国服务业各细分行业在治理环境污染方面的技术还相对匮乏，分行业的服务业生产率差异没有随着时间的推移呈现逐渐缩小的趋势，不存在 σ 收敛，TFP 增长的行业间差距在逐渐增大。

表 6 – 7　　　　　　中国服务业分行业服务业生产率的变异系数值

年份	服务业整体	生产性服务业	生活性服务业	年份	服务业整体	生产性服务业	生活性服务业
2005	0.0081	0.0098	0.0053	2009	0.0319	0.0364	0.0250
2006	0.0049	0.0033	0.0046	2010	0.0348	0.0396	0.0264
2007	0.0145	0.0173	0.0104	2011	0.0272	0.0329	0.0095
2008	0.0134	0.0122	0.0167	2012	0.0176	0.0149	0.0212

资料来源：依据式（6 – 11）计算整理而得。

通过对服务业 TFP 区域和行业变动的 σ 收敛进行比较，发现中国服务业 TFP 的区域差异不存在 σ 收敛，各省市服务业生产率的差异并没有随着时间的推移呈现逐渐缩小的趋势，服务业 TFP 增长的地区间差距有逐渐扩大的趋势。具体细分到东部、中部、西部三大区域，东部、中部、西部地区都不存在显著的 σ 收敛趋势，各地区服务业 TFP 增长的差距逐渐扩大。服务业 TFP 的行业差异也不存在显著的 σ 收敛趋势，不管是生产性服务业还是生活性服务业，TFP 增长的行业间差距均呈现逐渐扩大的趋势。可见不管是分区域的服务业整体，还是服务业细分行业内部在治理环境污染方面的技术都相对匮乏，在不破坏环境生态平衡的前提下，中国服务业以后的发展不仅要注重地区间差距的缩小，而且要注重服务业内部的均衡协调发展。

6.4.3　环境约束下服务业生产率绝对 β 收敛检验分析

绝对 β 收敛检验是相对量化程度比较高的收敛检验方法，其假定地区间仅有基期的资本水平存在差异，生产技术、管理经验、技术创新等方面都是相同的，最终各地区经济收敛达到相同的长期均衡（Barro and Sala-I-Martin，1997）。为了消除经济周期波动的影响，在进行检验时，很多文献都将整个样本期细分为几个较小的时间段。对样本时段的划分没有一个固定的标准，本书将省级面板数据的时间段划分为 3 个时段、分别为 2001~2004 年、2005~2008 年和 2009~2012 年。假定服务业生产率收敛仅取决于基期的服务业生产率水平，那么检验服务业区域 TFP 绝对 β 收敛的回归等式就可以表示为：

$$(\ln TFP_3 - \ln TFP_1)/T = \alpha + \beta \ln TFP_1 + \varepsilon \qquad (6-17)$$

其中，$t=3$ 和 $t=1$ 分别对应 2009~2012 年和 2001~2004 年时间段的服务业全要素生产率的平均值，$T=8$ 为两个时间段中间点的间隔年数。马那尼等（1992）将收敛速度 λ 的计算方法设定为：

$$\beta = -(1 - e^{-\lambda T})/T \qquad (6-18)$$

表 6-8 报告了式（6-17）和式（6-18）的 OLS 回归结果，括号内为标准误，R^2 为修正后的决定系数，收敛速度 λ 用式（6-18）计算。从回归系数的显著性来看，全国的服务业 TFP 虽然有收敛的符号，呈现出了收敛的趋势但不显著。分地区来看，东部地区服务业 TFP 和中部地区服务业 TFP 都呈

表 6-8　　　　　服务业 TFP 区域差异的绝对 β 收敛检验，OLS 回归

	全国	东部	中部	西部
β	-0.001 (0.035)	0.074 (0.047)	0.140 (0.156)	-0.055 (0.032)
R^2	-0.034	0.135	-0.028	0.152
s.e.e	0.021	0.014	0.011	0.016
λ	0.001	-0.058	-0.094	0.072

现出了不显著的发散趋势，西部地区服务业 TFP 虽然有收敛的符号，但同样表现为不显著。这表明全国和分区域的服务业 TFP 增长都不存在显著的绝对 β 收敛现象，TFP 增长与初始水平并不存在显著的负向相关关系。

本书也从服务业分行业角度考察了服务业细分行业 TFP 的绝对 β 收敛情况，由于样本期限较短，没有将样本时间进行分段处理，而是根据收敛检验的理论模型，同时参照王兵、颜鹏飞（2007）的做法，将回归模型设定如下：

$$y_{i,t} = \alpha_0 + \alpha_1 \ln(TFP_{i,t-1}) + \varepsilon_{i,t} \qquad (6-19)$$

其中，$y_{i,t}$ 为第 $t-1$ 时期到 t 期间各行业服务业生产率的增长率，$TFP_{i,t-1}$ 为各行业第 $t-1$ 时期的全要素生产率，$\varepsilon_{i,t}$ 为随机误差项。运用式（6-19）对各行业服务业生产率进行绝对 β 收敛检验，回归结果如表6-9所示。

表6-9　　　　　　　　服务业 TFP 行业差异的绝对 β 收敛检验

	服务业整体	生产性服务业	生活性服务业
ln（TFP）	0.128 *** (0.038)	0.112 ** (0.052)	0.160 *** (0.056)
收敛速度 λ	-0.120	-0.106	-0.148
Adj. R^2	0.089	0.055	0.157
F	11.127	4.678	8.269
D. W.	1.629	1.576	1.714

注：***、** 分别表示在 1%、5% 水平上显著，括号内为标准误。

表6-9的回归结果显示，将环境因素纳入服务业生产率研究框架后，不论是从服务业分行业整体来看，还是将服务业细分行业划分为生产性服务业和生活性服务业，中国服务业的行业 TFP 差异不仅不存在显著的绝对 β 收敛，反而呈现出显著的绝对 β 发散趋势。发散速度分别达到了 12%、10.6% 和 14.8%，生活性服务业的 TFP 绝对 β 发散速度要明显高于生产性服务业。可见中国服务业分行业的生产率差异具有发散的特性，生产率初始水平较高的行业比生产率初始水平较低的行业具有更快的发展速度，中国服务业各细分行业全要素生产率的差距呈逐渐扩大的趋势。

通过对中国服务业 TFP 区域变动和行业变动的绝对 β 收敛检验分析，发现中国服务业 TFP 区域变动和行业变动均不存在绝对 β 收敛现象，全国和东部、中部、西部地区以及服务业分行业之间的服务业 TFP 并不存在赶超的趋势。相对于服务业 TFP 区域变动来说，服务业 TFP 行业变动展现出来的扩大趋势要更为显著和明显，也就是说考虑环境因素之后，中国服务业分区域和分行业的 TFP 差异不仅不存在赶超趋势，反而内部差距越拉越大。可见在今后中国服务业的发展过程中，不仅要注重落后地区的发展，加强地区之间的技术合作交流，促进先进技术向落后地区扩散，更要加大对落后行业的发展，加强行业内部间的联系，否则，只能进一步拉大落后地区和落后行业服务业发展与先进地区和先进行业之间的差距。如此才能使得技术扩散能够顺利实现，通过学习和模仿先进地区、先进行业的技术优势促进服务业区域和行业生产率的提高，实现中国服务业区域以及行业间的均衡协调稳步发展。

6.4.4　环境约束下服务业生产率条件 β 收敛检验分析

前文设定了我国服务业 TFP 增长的绝对 β 收敛检验模型，此模型中服务业生产率收敛的影响因素是唯一的（基期的服务业生产率水平）。巴罗和萨拉伊马丁的条件 β 收敛检验模型中，除了基期的人均收入水平之外，还考虑了其他一些影响因素（Barro and Sala-i-Martin，1992）。所以我们在本书绝对 β 收敛检验的模型基础之上，加入其他一些影响服务业生产率收敛的变量，就成为服务业生产率条件 β 收敛的检验模型。

在各地区的服务业 TFP 条件 β 收敛检验中，我们加入的控制变量是地区经济增长速度、行业结构和贸易开放度，得到模型如下：

$$\ln TFP_{i,t+1} - \ln TFP_{i,t} = \alpha + \beta \ln TFP_{it} + \gamma \ln G_{i,t} + \varphi \ln stru_{i,t} + \omega \ln trade_{i,t} + \mu_{i,t}$$

$$(6-20)$$

其中，$TFP_{i,t}$ 为 i 地区基年的服务业生产率，地区经济增长速度用人均 GDP 增长率来表示，反映在模型中为 $G_{i,t}$；行业结构用服务业增加值占地区生产总值的比重来表示，反映在模型中为 $stru_{i,t}$；$trade_{i,t}$ 为 i 地区的贸易开放度，用它来反映地区开放程度对服务业生产率收敛的影响。为了缓解模型的异方差现象，在模型的设定中，均以自然对数来表示。Hausman 检验显示模型回归拒绝随机效应的原假设，所以我们对中国服务业区域 TFP 的条件 β 收敛回归采用固定效应回归方法（如表 6 – 10 所示）。

表 6 – 10   中国各地区服务业生产率条件 β 收敛模型估计结果

	全国	东部	中部	西部
β	– 0. 042 * (0. 023)	– 0. 367 *** (0. 075)	– 0. 124 * (0. 073)	– 0. 322 *** (0. 063)
$\ln G_{i,t}$	– 0. 013 *** (0. 003)	– 0. 013 *** (0. 004)	1. 61E – 05 (0. 004)	0. 015 (0. 012)
$\ln stru_{i,t}$	– 0. 014 (0. 056)	0. 234 (0. 148)	0. 041 (0. 071)	– 0. 261 *** (0. 092)
$\ln trade_{i,t}$	0. 032 ** (0. 013)	– 0. 036 (0. 038)	0. 015 (0. 019)	– 0. 027 (0. 022)
A. dj. R^2	0. 067	0. 292	0. 222	0. 117
F	1. 783	3. 163	2. 219	2. 262
D. W.	2. 038	1. 967	2. 177	1. 746
λ	0. 043	0. 457	0. 132	0. 389

注：*** 、** 、* 分别表示 1%、5%、10% 水平上显著，括号内为标准误，收敛速度依据式 (6 – 18) 计算。

从回归结果可以看出，全国和东部、中部、西部地区的服务业生产率均存在显著的条件 β 收敛。从收敛速度来看，东部地区的服务业 TFP 收敛速度最大，达到了 45.7%，西部地区的服务业 TFP 收敛速度次之，为 38.9%，全国的服务业 TFP 收敛速度最小，仅为 4.3%。对于全国来说，人均 GDP 增长率系数显著为负，表明并非地区经济增长速度越快，越有助于地区服务业生产率差异的收敛；产业结构系数为负，但不显著，地区服务业产业结构比例的提高对区域服务业生产率增长不存在显著的正向作用；贸易开放度系数显著为正，地区开放程度对区域服务业生产率增长存在显著的正向影响。可见经济平稳增长，产业结构的调整升级，贸易开放程度的提高，有助于全国服务业生产率差异的收敛。而对于东部、中部、西部地区来说，经济发展水平、地理位置，环境污染程度、资源禀赋等条件都各不相同，故而影响各地区服

务业生产率差异的因素很多。我们从表 6 - 10 中的回归结果可以看出，模型
的拟合优度并不高，很多变量的估计结果也不是很显著，表明模型的回归结
果并不适用于具体的预测分析（杨正林、方齐云，2008）。

同样在各行业服务业生产率条件 β 收敛的检验中，本书在式（6 - 15）的
基础上引入控制变量，得到条件 β 收敛模型如下：

$$y_{i,t} = \alpha_0 + \alpha_1 \ln(TFP_{i,t-1}) + \alpha_2 \ln stru_{i,t} + \alpha_3 \ln kl_{i,t} + \alpha_4 \ln hum_{i,t} + \varepsilon_{i,t}$$

$$(6 - 21)$$

其中，$y_{i,t}$ 为 i 行业第 $t-1$ 时期到 t 时期服务业生产率的增长率，$TFP_{i,t-1}$ 为 i 行业
第 $t-1$ 时期的全要素生产率，$stru_{i,t}$ 为 i 行业在第 t 时期的行业结构，用服务业分
行业的增加值占国内生产总值的比重来表示，$kl_{i,t}$ 为 i 行业在第 t 时期的资本劳动
比，用各行业资本存量占服务业就业人数的比重来表示，$hum_{i,t}$ 为 i 行业第 t 时期
的人力资本水平，用各行业人口的平均受教育年限来表示，$\varepsilon_{i,t}$ 为随机误差项。
同样为缓解异方差现象，在模型设定中均以自然对数来表示。本书报告了经过
Hausman 检验后的固定效应回归结果，具体数据如表 6 - 11 所示。

表 6 - 11　　　　　各行业服务业 TFP 条件 β 收敛模型估计结果

截距项	基年服务业 TFP 系数	资本深化系数	行业结构系数	人力资本系数	收敛速度	A. dj. R^2	F	D. W.
- 0.081 *** (0.023)	- 0.093 * (0.056)	0.042 *** (0.010)			0.098	0.220	3.070	1.666
- 0.036 (0.026)	- 0.166 *** (0.058)	0.060 *** (0.011)	- 0.110 *** (0.035)		0.182	0.292	3.829	1.651
- 0.070 (0.189)	- 0.164 *** (0.060)	0.059 *** (0.012)	- 0.109 *** (0.036)	0.014 (0.079)	0.179	0.284	3.553	1.647

注：*、**、*** 分别表示在 10%、5%、1% 水平上显著，括号内的为统计标准误。

表 6 - 11 报告了各行业服务业 TFP 条件 β 收敛的估计结果，从回归结果
可以看出，在研究样本 2004 ~ 2012 年区间内，中国服务业各细分行业服务业
TFP 存在条件 β 收敛。在加入控制变量后基年服务业生产率变量的系数均显著
为负，资本深化系数显著为正，行业结构系数显著为负，表明行业结构对服

务业分行业 TFP 收敛起负向作用，资本深化对服务业分行业 TFP 收敛起正向作用，而人力资本对服务业分行业 TFP 收敛的作用表现为正向不显著。

服务业行业比例提高对服务业 TFP 的提高存在着显著的负向影响，这正好说明了我国目前的服务业以传统的低端服务业为主，具备高技术含量的现代服务业还处于发展的初级阶段。一般来说，资本密集度越高的行业或者企业，其技术装备水平越高，技术进步也越快，本书所得出的资本密集度系数为正且在统计意义上显著，表明资本深化对中国服务业生产率的增长具有促进作用，这与李小平（2007）对中国大型工业企业的研究结论是一致的。人力资本水平对服务业生产率的提升不存在显著的正向作用，这与杨青青等（2009）、王恕立等（2013）对中国服务业生产率的研究结论相一致。这可能的原因在于我们用受教育年限来衡量人力资本还存在局限性，受教育年限的长短只能反映一个人所接受文化程度的高低，现在大学扩招，大学生毕业后面临严峻的市场就业压力，很多高学历就业者被迫接受了低学历就业者即可胜任的工作岗位，无法发挥自己的所学和特长，也就无法将所接受的知识教育形成经验能力。

通过对服务业 TFP 区域变动和行业变动的条件 β 收敛检验分析，发现中国服务业 TFP 的区域变动和行业变动都存在显著的条件 β 收敛，全国和东部、中部、西部地区以及服务业各行业都将收敛于各自的稳态水平。从收敛速度来看，全国和东中西部地区的条件 β 收敛速度分别为 4.3%、45.7%、13.2% 和 38.9%，在加入控制变量之后，服务业分行业 TFP 的条件 β 收敛速度为 17.9%，要明显快于服务业区域 TFP 的收敛速度。此外由于影响环境约束下区域、行业服务业生产率差异的因素很多，我们从模型的回归结果可以看出，模型的拟合优度并不高，很多变量的估计结果也不是很显著，表明模型的回归结果并不适用于具体的预测分析（杨正林、方齐云，2008）。

6.5　本章小结

传统方法对全要素生产率的研究仅考虑了资本、劳动等生产投入要素所产生的"好"产出,而忽视了环境污染问题所引起的"坏"产出的存在。本书引入充分考虑了"坏"产出的 Malmquist-Luenberger 指数法,将环境因素纳入生产率研究体系,分别对环境约束下中国各地区和中国服务业细分行业的服务业 TFP 变动进行了测算,同时与未考虑环境因素的中国服务业 TFP 变动的区域和行业差异进行了对比,并在此基础上运用趋同理论对服务业 TFP 的区域和行业增长进行了收敛性检验。通过分析,本章得出以下基本结论:

中国服务业 TFP,技术效率以及技术进步增长率不但存在明显的区域差异,而且存在较大的行业异质性。不考虑环境因素的传统测算方法显著高估了服务业 TFP 的增长率,虽然由于技术进步的推动作用,我国服务业 TFP 取得了长足的增长,但服务业 TFP 增长对中国服务业增长的贡献率较低,且服务业发展的过程中所表现出的粗放型增长特点依然明显,所带来的环境污染问题也日益严峻。服务业发展过程中技术效率还存在可挖掘的潜力和空间,中国今后应从改善技术效率状况方面促进服务业生产率的提升。环境因素显著影响中国服务业生产率水平的测算,不考虑环境因素下的服务业全要素生产率并不能反映中国服务业生产率的真实绩效,并且对于制定相关政策建议也会产生错误的指导方向。环境约束下的中国服务业 TFP 区域变动和行业变动均要显著低于不考虑环境因素的中国服务业 TFP 变动。考虑资源环境约束后中国服务业 ML 生产率指数的显著下降说明我国服务业环境管理的无效率,服务业发展过程中并没有兼顾到资源的承载能力和环境污染问题。

环境约束下中国服务业全要素生产率(不管是分区域还是分行业)变动显现出了强烈的异质性特征,所以对环境约束下中国服务业 TFP 的收敛性进行检验,有助于我们更加清晰的认识和把握服务业环境全要素生产率的演进轨迹。通过对环境约束下我国服务业 TFP 区域和行业变动的收敛性检验,发现我国服务业的 TFP 增长并没有随着时间的推移呈现逐渐缩小的趋势,服务业增长的区域和行业差距正在逐渐扩大,不管是分区域的服务业整体,还是服务业细分行业内部在治理环境污染方面的技术都相对匮乏,在不破坏环境生态平衡的前提下,中国服务业以后的发展不仅要注重地区间差距的缩小,而且要注重服务业内部的均衡协调发展。在今后中国服务业的发展过程中,不仅要注重落后地区的发展,加强地区之间的技术合作交流,促进先进技术向落后地区扩散，更要加大对落后行业的发展，加强行业内部间的联系，否则，只能进一步拉大落后地区和落后行业服务业发展与先进地区和先进行业之间的差距。

TFP 收敛检验还表明，尽管全国和东部、中部、西部地区以及细分行业间都不存在绝对收敛，但却存在显著的条件收敛，这与很多现有文献对传统 TFP 的研究结论是一致的，如麦康和哈夫曼（2000）、李谷成（2009）对农业生产率收敛的研究、彭国华（2005）对地区全要素生产率的研究等。从收敛速度来看，服务业 TFP 行业变动的收敛速度要显著高于区域变动的收敛速度。可见，环境约束下服务业 TFP 区域变动的收敛模式与行业变动的收敛模式存在一定程度的相似性，借鉴彭国华（2005）的研究，我们似乎可以认为，服务业 TFP 的行业收敛导致了服务业 TFP 的区域收敛。因此，今后对服务业 TFP 行业变动的收敛以及影响因素的研究将是一个比较有意义和前景的研究方向。

第 7 章
服务业双向 FDI 的生产率效应：
中国的经验证据

一国经济取得长久持续发展的源泉在于技术进步的提升，而当前技术进步的重要获取渠道之一就是外国直接投资（Mohnen，2001）。在全球经济服务化的浪潮趋势下，外国直接投资的重心由制造业转向了服务业（包括内向 FDI 和外向 FDI），关于服务业双向 FDI 的生产率效应也得到了众多学者的一致关注。本书理论部分认为服务业内向 FDI 可以通过行业内资源再配置效应促进东道国生产技术的进步和生产效率的提升，服务业外向 FDI 可以通过投资学习效应促进母国生产率的提升。而就目前来说关于服务业内向 FDI 生产率效应的实证研究基本都集中于服务业对工业（制造业）生产率的影响，而很少关注服务业内向 FDI 对自身生产率的影响。关于服务业外向 FDI 对母国服务业自身生产率逆向影响的研究文献更是少之又少。所以本书有必要对服务业双向 FDI 对服务业自身的生产率影响进行研究，以打破前期文献的局限。

就中国来说，服务业既利用外资，又对外投资，所以将内向 FDI 与外向 FDI 相结合，探寻服务业双向 FDI 的生产率效应对中国服务业外国直接投资来说更具有现实意义。然而当前服务业双向 FDI 所引发的一系列环境问题也越来越严峻，FDI 对环境的影响主要存在两种效应"污染避难所"和"污染光环"。"污染避难所"假说认为 FDI 的进入会加剧东道国的环境污染，"污染光环"假说认为 FDI 先进清洁技术的引进改善了东道国的环境污染情况。但目前为止,对这两种假说的验证都是基于工业(制造业)和整体行业层面,而对于服务业 FDI 的环境污染效应却涉猎甚少,可能是因为当前环境污染主要是由工业所引起的,服务业所引发的环境污染较少,且污染数据难以获取。所以本书有必要对中国服务业 FDI 的环境污染效应进行探讨,通过实证分析检验中国服务业 FDI 到底是具有"污染避难所"效应还是"污染光环"效应,服务业利用外资和对外投资是加剧还是改善了中国的环境污染问题,考虑环境污染问题之后中国服务业双向 FDI 的生产率溢出为正向效应还是负向效应。

另外中国经济增长对环境污染也存在影响,经济增长的环境污染效应主要体现在"环境库兹涅茨曲线"上,该假说认为初期的经济发展会加剧环境污染,只有当经济发展到一定程度之后才有利于环境改善,即经济发展与环境污染之间存在倒"U"型关系。本书将对服务业的"环境库兹涅茨曲线假说"进行验证。

7.1 模型构建与样本说明

7.1.1 计量模型设定

要对环境约束性下中国服务业双向 FDI 的生产率效应进行实证检验,首先得构建计量经济模型。根据科埃和赫尔普曼(1995)的国际研发资本溢出模型,一国生产力的提高和技术进步与 R&D 资本存量之间存在紧密联系,当然 R&D 既包括本国的,也包括引进国外的。国家开放程度越高,R&D 资本存量对技术进步和生产力提高的影响就越大,现在运用比较广泛的一种测度与考察 R&D 资本存量影响一国生产率的计量经济模型为:

$$\log TFP_i = \alpha_i^0 + \alpha_i^d \log(S_i^d) + \alpha_i^f \log(S_i^f) \qquad (7-1)$$

其中，TFP 表示一国全要素生产率，S^d 表示本国 R&D 资本存量，S^f 表示引进国外的 R&D 资本存量。在式（7-1）的基础上，我们借鉴 LP（2001）的模型，引入外国直接投资（实际利用外资和对外直接投资）变量，以考察外国直接投资的生产率溢出效应，见下式：

$$\ln TFP_{i,t} = \alpha_0 + \alpha_1 \ln IFDI_{i,t} + \alpha_2 \ln OFDI_{i,t} + \alpha_3 \ln rdk_{i,t} + \varepsilon_{i,t} \quad (7-2)$$

如此一来，服务业双向 FDI 生产率效应的基础计量经济模型就成型了，在式（7-2）中，i 表示服务业分行业，t 为时间，TFP 表示全要素生产率，$IFDI$ 为服务业实际利用外资（内向 FDI），$OFDI$ 表示服务业对外直接投资（外向 FDI），rdk 为服务业研发资本投入。人力资本作为技术吸收能力的主要载体，直接反映着一个国家对先进技术和管理经验的吸收能力，在服务业外国直接投资中起着非常重要的作用。与此同时，波鲁斯和罗宾逊（2012）也指出了其重要性，所以我们也考虑了人力资本水平这一重要变量，以考察其对服务业生产率的影响。此外中国服务业既利用外资又对外投资，所以我们还引入了服务业内向 FDI 与服务业外向 FDI 的交互项，进而得到如下计量经济模型：

$$\ln TFP_{i,t} = \alpha_0 + \alpha_1 \ln IFDI_{i,t} + \alpha_2 \ln OFDI_{i,t} + \alpha_3 \ln rdk_{i,t} + \alpha_4 \ln hum_{i,t} + \\ \alpha_5 \ln IFDI_{i,t} \times \ln OFDI_{i,t} + \varepsilon_{i,t} \quad (7-3)$$

此外，为了避免遗漏其他重要的解释变量所引起的内生性问题，内生性问题会造成计量经济模型的估计结果有偏不可靠，所以我们还在式（7-3）的基础上加入了资本劳动比（kl）和行业结构（$stru$）这两个控制变量。得到最终的计量经济模型：

$$\ln TFP_{i,t} = \alpha_0 + \alpha_1 \ln IFDI_{i,t} + \alpha_2 \ln OFDI_{i,t} + \alpha_3 \ln rdk_{i,t} + \alpha_4 \ln hum_{i,t} + \alpha_5 \ln IFDI_{i,t} \\ \times \ln OFDI_{i,t} + \alpha_6 \ln kl_{i,t} + \alpha_7 \ln stru_{i,t} + u_i + \lambda_t + \varepsilon_{i,t} \quad (7-4)$$

在式（7-4）中，u_i 为行业固定效应，控制不随时间变化的个体差异因素，λ_t 为时间固定效应，控制不随行业变化的时间因素，$\varepsilon_{i,t}$ 为随机扰动项，表示模型中除解释变量之外其他所有影响因素的总和。为了降低异方差，模型中的各变量均做了相应的对数化处理。对环境约束下服务业双向 FDI 进行实证检验时，*TFP* 就表示环境约束下的服务业全要素生产率。

7.1.2 样本说明

王恕立等（2013）认为采用行业面板数据能更好地控制行业特征等差异对生产率的影响，所以本书对环境约束下服务业双向 FDI 生产率效应的实证检验采用行业面板数据。鉴于数据可得性和服务业细分行业分类标准的不同①，我们最终选取了服务业 13 个细分行业 2004 ~ 2012 年的行业面板数据作为考察样本②。由于我国服务业起步较晚，开放和发展程度都偏低，所以对服务业外国直接投资的统计也较晚，特别是服务业分行业的对外直接投资数据。对数据大量缺失的行业我们进行了剔除。本书使用的数据是由时间序列数据和横截面数据相结合的面板数据，与它们相比，面板数据可以控制总体样本中的个体差异因素，由于服务业分行业 FDI 规模、人力资本状况以及一些额外因素的不同，其所产生的生产率效应必然存在一定程度的异质性。另外面板数据还可以处理变量的多重共线性问题以及自由度减少的问题。所以本章选取服务业分行业相关统计数据，对环境约束下服务业内向 FDI 和外向 FDI 的技术溢出效应进行实证检验，不但可以兼顾服务业本身存在的构成庞杂、性质差异和目标多元等复杂性特征（江小涓，2011），而且可以更好地帮我们认识服务业利用外资和对外投资的生产率效应现状和特征，为政府制定相应的服务业引资政策和对外投资政策提供参考根据，以推动服务业"引进来"与"走出去"相结合，提升我国服务业的整体国际竞争力。

---

① 2002 年以前的服务业主要包括地质勘查业水利管理业，交通运输、仓储及邮电通信业，批发和零售贸易餐饮业，金融、保险业，房地产业，社会服务业，卫生体育和社会福利业，教育、文化艺术及广播电影电视业，科学研究和总和技术服务业，国家机关、政党机关和社会团体。

② 2003 年服务业全要素生产率测算所需数据使用的行业口径差别较大，所以我们最终对样本数据的选取从 2004 年开始。《国民经济行业分类》将服务业划分为 15 个分行业，包括交通运输、仓储和邮政业，信息传输、计算机服务和软件业，批发和零售业，住宿和餐饮业，金融业，房地产业，租赁和商务服务业，科学研究、技术服务和地质勘查业，水利、环境和公共设施管理业，居民服务及其他服务业，教育，卫生、社会保障和社会福利业，文化、体育和娱乐业，公共管理和社会组织以及国际组织。其中公共管理和社会组织以及国际组织行业的服务业外向 FDI 数据缺失太多，所以我们最终将服务业 13 个细分行业 2004 ~ 2012 年的行业面板数据作为考察样本。

7.2　数据来源及变量说明

7.2.1　数据来源

基于 7.1 节对本书计量经济模型的构建和样本说明，我们选取了中国 2004～2012 年的服务业细分行业面板数据，对环境约束下中国服务业的全要素生产率（TFP）进行了再测算，并以此考察环境约束视角下中国服务业双向 FDI 的生产率效应。实证研究所涉及的变量主要有服务业全要素生产率（TFP），服务业内向 FDI（IFDI），服务业外向 FDI（OFDI），服务业人力资本（hum），服务业研发资本投入（rdk），服务业资本密集度（kl），服务业行业结构（stru）。此外对环境约束下的全要素生产率进行重新测算时，还需要考虑服务业生产过程中所产生的"非期望"产出，也就是所谓的"坏"产出。因此本书实证研究所需变量的来源途径主要有：《中国统计年鉴》《中国第三产业统计年鉴》《中国劳动统计年鉴》《中国环境统计年鉴》《中国固定资产投资统计年鉴》等。

7.2.2　变量说明

（1）服务业全要素生产率。服务业全要素生产率反映了生产过程中将投入转化为最终产出的能力和效率，可以衡量除资本和劳动等要素之外的技术水平变化，是测度国家、企业或行业技术水平变化的重要指标，也是衡量国家、企业或行业经济增长的常用指标之一（Syverson，2011）。关于传统服务业全要素生产率的测量方法见王恕立等（2012），运用该方法本书也测算了中国服务业 2004～2012 年的传统全要素生产率。在进行模型估计和实证检验时，我们对服务业传统全要素生产率进行了相关转换和处理，将其转化为以 2004 年为基期的累积变化率形式。

（2）环境约束下的服务业全要素生产率。在前期对服务业全要素生产率进行测算时，基本都只考虑了资本和劳动两种投入要素，而忽视了服务业发展过程中所产生的环境污染问题。本书在前期成果的研究基础之上，将环境因素纳入服务业生产率研究体系，考虑了服务业发展过程中所带来的环境污染问题，对环境约束下的中国服务业全要素生产率进行了再测算。服务业生产率的测算如果不将服务业发展过程中的环境污染问题包括在内，就有可能高估服务业发展的真实绩效水平，并由此带来一些误导性的政策建议（Hailu and Veeman，2000；王恕立等，2015）。关于环境约束下服务业全要素生产率的测算方法和测算数据见本书第 6 章。将两者（包括环境因素和不包括环境因素）进行对比分析，发现环境约束下的服务业全要素生产率变动要小于未考虑环境因素下的服务业全要素生产率变动，表明服务业在发展过程中确实带来了环境污染问题，环境因素显著影响服务业生产率水平的测算，不考虑环境因素下的服务业生产率并不能反映服务业发展的真实绩效。在进行模型估计和实证检验时，我们对环境约束下服务业全要素生产率同样进行了相关转换和处理，将其转化为以 2004 年为基期的累积变化率形式。

（3）服务业内向 FDI 和外向 FDI。借鉴王恕立等（2013）的做法，我们用服务业实际利用外资额和对外直接投资额占服务业增加值的比重分别表示服务业利用外资强度和对外投资强度[①]。服务业分行业的实际利用外资额可以直接通过历年的《中国统计年鉴》获得，服务业各细分行业的外向 FDI 总额数据来自《中国对外直接投资统计公报》。通过查阅相关资料和数据，我们发现部分行业的数据在有些年份缺失或者为零，如金融业 2004 年、2005 年的对外直接投资额，教育 2004 年、2005 年的对外直接投资额，卫生、社会保障和社会福利业 2005 年、2008 年的对外直接投资额。如果直接删除这些缺失数据，则会造成样本失真和选择偏误等问题，也会不利于变量的对数化处理，因此我们做了如下处理：将对外直接投资额为零的行

---

① 此种做法可以消除价格因素的影响，并尽可能地减少异方差问题，赫策（Herzer，2012）在研究 FDI 对经济发展的影响时，也采用了比例数据。此外还有范·德尔普和利希滕贝格（Van Pottelsberghe and Lichtenberg，2001）。

业用 0.000001 代替，用 2006 年和 2007 年的平均值代替金融业 2005 年的对外直接投资额，用 2005 年和 2006 年的平均值代替金融业 2004 年的对外直接投资额。2004～2012 年中国服务业分行业增加值数据选自历年统计年鉴，并且我们依据历年的汇率水平将以人民币为计量单位的服务业分行业增加值换算为以美元为单位的增加值数据。此外，对环境约束下服务业双向 FDI 的生产率进行实证检验时，我们还考虑了稳健性检验，采用了不同的衡量方法来测度服务业利用外资强度和对外投资强度。这种衡量和测度方法主要是依据何枫等（2010）和王恕立等（2013）的相关做法，即将其测度方法改为服务业实际利用外资额和对外直接投资额占服务业固定资产投资的比重，以作为计量经济模型的稳健性结果检验。当前关于 FDI 的环境效应存在两种假说，"污染天堂" 假说（也称为 "污染避难所" 假说）认为不同发展水平的国家在环境管制政策方面存在异质性，一般而言发达国家的环境管制较严，发展水平低的国家环境管制较为宽松，这就会导致一种现象的出现，即污染密集程度较高的产业由管制程度较高的国家转移到管制程度相对宽松的国家，进而加剧这些国家的环境污染。另一种假说认为外资企业的进入，为东道国带来了相对先进的清洁生产技术，东道国通过模仿示范效应采用了环境友好型生产方式，不仅有利于东道国技术水平的提升，也改善了东道国的环境污染状况，称之为 "污染光环" 假说。因此本书通过实证研究可以检验中国服务业 FDI 究竟具有 "污染天堂" 效应还是 "污染光环" 效应。

（4）服务业研发资本投入。无法从统计年鉴中直接获取服务业细分行业研发资本投入的数据，因此我们要对服务业分行业的研发资本投入数据进行相关测算。同样为了消除价格等因素的影响和可能存在的异方差问题，我们参考王恕立等（2013）和王恕立等（2015）的做法，将研发资本投入强度用服务业细分行业的 R&D 经费内部支出占服务业增加值的比例来测度（Guellec and Van Pottelsberghe，2001）。通过查阅《中国科技统计年鉴》，我们发现研发（R&D）经费内部支出按执行部门分组可以划分为四类，如表 7-1 所示。

表 7-1 中国 R&D 经费内部支出情况一览（2004～2012 年） 单位：亿元

年份	2004 年	2005 年	2006 年	2007 年	2008 年	2009 年	2010 年	2011 年	2012 年
R&D 经费内部支出	1966	2450	3003	3710	4616	5802	7063	8687	10298
企业	1314.0	1673.8	2134.5	2681.9	3381.7	4248.6	5185.5	6579.3	7842.2
大中型工业企业	954.4	1250.3	1630.2	2112.5	2681.3	3210.2	4015.4	5030.7	5992.3
研究与开发机构	431.7	513.1	567.3	687.9	811.3	995.9	1186.4	1306.7	1548.9
高等学校	200.9	242.3	276.8	314.7	390.2	468.2	597.3	688.9	780.6
其他	19.7	20.8	24.5	25.7	32.9	89.4	93.4	112.1	126.7
大中型工业企业/企业（%）	72.62	74.73	76.42	78.81	79.30	75.62	77.41	76.53	76.44
服务企业 R&D 经费合计	308.42	392.83	501.02	629.43	793.71	997.12	1217.03	1544.22	1840.63

通过表 7-1 可以计算出中国大中型工业企业 R&D 经费支出占整个企业 R&D 经费支出的比例，2004 年为 72.6%，2012 年为 76.4%。值得注意的是 2011 年的《中国统计年鉴》中公布了按行业划分的 R&D 经费支出情况，此支出情况为 2009 年的相关行业数据。也就是说我们可以查阅到 2009 年的服务业分行业 R&D 经费支出数据。如此我们可以将 2009 年的服务业分行业 R&D 经费支出与 2009 年的服务业分行业研究与开发机构 R&D 经费支出数据相减，从而可以计算出服务企业分行业的研发资本经费支出。然后将各行业的研发资本经费支出数据相加可以计算出整个服务企业 2009 年的 R&D 经费支出（997.12 亿元）。用 2009 年服务企业的经费支出数据除以整个企业的数据得到一个比例，这个比例为 2009 年服务企业经费支出占整个企业经费支出的比例。然后用得出的比例我们可以近似测算出其他各个年份服务企业的研发资本投入数据，即用其他年份的企业 R&D 经费支出乘以 23.47%。与此同时，我们还可以得到 2009 年服务企业分行业研发资本投入占整个服务企业研发资本投入的比重，这样我们就可以用这一比重乘以其他各年份服务企业研发经费支出数据得到其他年份服务企业分行业的研发资本投入情况。最后用其他年份服务企业分行业的 R&D 经费支出加上研究与开发机构的 R&D 经费，得到各年服务业分行业的 R&D 经费支出数据。

（5）服务业人力资本。理论意义上来讲，服务业跨国公司对东道国企业的生产率促进作用在很大程度上依赖于人力资本水平的高低，人力资本水平作为吸收能力的核心因素，在 FDI 的技术溢出中起着至关重要的作用。早在 20 世纪 70 年代，蒂斯就已经发现东道国良好的人力资本状况可以弥补东道国与跨国企业之间的技术差距，技术水平差距较大的情况下，若要使得 FDI 技术溢出得以实现，东道国企业就需要具备较高的人力资本水平状况。但如果跨国企业与东道国企业技术差异巨大，且东道国企业的人力资本水平也较低，那么跨国企业的进入非但不会对东道国产生技术溢出效应，而且还会对东道国当地企业产生"挤出效应"，导致生产率本来就低的东道国企业退出本地市场。跨国企业进入所产生的生产率溢出效应会被当地企业吸收模仿多少的重要媒介就在于东道国的技术吸收能力，而这其中人力资本发挥着至关重要的作用。由于服务业分行业数据的可获取性，我们参考王恕立等（2013）的做法，用劳动力受教育年限来衡量人力资本的数量，对于受教育年限，我们可以将文盲或未上过学的记为 0 年，上过小学的记为 6 年，上过初中的记为 9 年，上过高中的记为 12 年，取得大专以上学历的统一记为 16 年，那么可以用如下公式计算服务业劳动力的平均受教育年限：小学比重×6 + 初中比重×9 + 高中比重×12 + 大专及以上学历比重×16。与此同时，为了对模型估计结果进行稳健性检验，探寻不同的人力资本指标对模型估计结果的影响，我们还将大专以上学历进行了再次细分，将上过大专的记为 15 年，上过大学的记为 16 年，取得研究生学历的记 19 年，计算公式可以依据上式推算。

（6）资本劳动比。kl 为服务业分行业的资本劳动比，顾名思义，就是服务业分行业的资本存量与就业人数之比，我们用这一比例表示服务业的资本密集度。近年来在研究影响全要素生产率增长的因素时，许多学者都考虑了资本强度这一变量，如张军（2002）、朱钟棣等（2005）、李小平（2007）、李小平等（2008）、顾乃华（2008）、王恕立等（2013）。一般意义上认为，资本密集度与技术进步和生产率之间正相关（李小平等，2008；王恕立等，2013）。资本深化可以显著促进工业企业全要素生产率的增长和技术进步（李小平，2007），但资本深化也可能延缓技术进步，阻碍全要素生产率的增长（张军，2002）。可见，资本密集度对全要素生产率的影响结论并不一致，因此我们也考虑了资本劳动比对服务业生产率增长的影响。

（7）服务业行业结构。随着经济全球化的飞速发展和国际分工的不断深化，外商直接投资重心由农业、工业（制造业）向服务业转移，不但表现为资本要素的转移，而且越来越多的劳动力也涌向了服务领域，导致了服务业产业结构的优化升级。随着越来越多的 FDI 流入服务业领域，服务业内部的劳动和资本等生产投入要素实现了再重组，通过这种要素再配置效应可以促进服务业自身生产率的提升（王恕立等，2015）。与此同时，佩内德（2003）也认为当投入要素由生产率较低的部门或企业流向生产率较高的部门或企业时，可以带来"结构红利"效应，这种"结构红利"可以带动整个社会整体生产率的提高。服务业产业结构的不断优化升级也可能会促进服务业整体行业的生产率提升，当然具体结果还有待于后文的实证检验。所以在本书的计量模型中，我们也考虑了行业结构这一指标，用分行业增加值占国内生产总值的比值表示。

7.2.3 变量统计性描述

表 7-2 列出了本书实证检验所需变量的统计性描述，包括平均值、中位数、标准差、最大值、最小值和变量定义。实证检验时对各变量进行了对数化处理。

表 7-2   各变量的统计性描述

变量名称	样本量	平均值	中位数	标准差	最小值	最大值	变量定义
TFP	117	1.255	1.183	0.244	0.959	1.963	服务业全要素生产率
STFP	117	1.061	1.016	0.083	0.972	1.256	环境约束下服务业全要素生产率
rdk	117	2.540	0.129	6.404	0.000	26.55	服务业研发资本投入强度
IFDI	117	2.045	1.289	2.328	0.002	9.804	服务业利用外资强度
OFDI	117	1.007	0.258	1.999	0.011	9.495	服务业对外投资强度
hum	117	11.81	12.055	1.669	9.013	15.196	服务业人力资本水平
kl	117	38.18	10.798	73.928	0.310	385.093	服务业资本劳动比例
stru	117	2.932	2.088	2.229	0.403	9.518	服务业行业结构

7.3　服务业双向 FDI 与传统全要素生产率

本书首先从服务业传统全要素生产率出发，探寻服务业双向 FDI 对传统全要素生产率的影响，并同时与本书第 4 章的理论模型部分相对照。理论部分认为服务业双向 FDI 可以通过行业内再配置效应和对外投资学习效应促进服务业整体行业技术水平的提高和生产率的提升。运用 2004 ~ 2012 年中国服务业细分行业面板数据，对服务业双向 FDI 的生产率效应进行实证检验。

7.3.1　结论及讨论

表 7 - 3 给出了服务业总体样本的固定效应检验结果，Hausman 检验也表明对服务业双向 FDI 的生产率效应估计应该采用固定效应回归[①]。从表 7 - 3 可以看出服务业利用外资（内向 FDI）对服务业生产率存在显著的正向影响，服务业利用外资可以显著促进服务业生产率的提升。表明利用外资向服务业转移的大方向是正确的，服务业利用外资不仅可以显著促进制造业整体生产效率的提升（Arnold et al. , 2012；Fernandes and Paunov，2012），而且还可以显著带动服务业部门的技术进步和生产率提高。这与本书的理论假定也是相符的，跨国服务企业的进入，使得我国服务企业部门的资本、劳动等生产投入要素实现了要素重置，改善了我国服务部门生产要素的不合理配置，使得投入要素由边际产出相对较低的部门流向了边际产出相对较高的部门，即由生产率较低的部门流向生产率较高的部门，继而通过资源再配置效应促进了服务行业整体生产率的提升。这与近年来中国服务业利用外资主要集中在服务业部门投资也是密不可分的，2012 年中国服务业实际利用外资 571. 96 亿美元，占中国实际利用外资额的比重超过了 50%（比重为 51. 2%）。服务业对

---

　　①　对于面板数据的回归应该选取固定效应还是随机效应，伍尔德里奇（2009）认为采用固定效应的前提是观测值不是从总体样本中随机抽取的，如果观测值是从总体样本中随机抽样的结果，则采用随机效应模型。

外投资对中国（母国）服务业生产率存在显著的逆向溢出效应，这与本书的理论假定也是相符的，表明中国服务业对外投资存在"投资学习效应"，可以通过学习国外先进管理技术和经验理念，对自身产生显著的正向生产率溢出[1]。这说明中国服务业对外投资的动机可能已经发生了转变，由市场寻求型转向了效率寻求型，刘军（2014）的研究同样验证了当服务企业的投资动机为效率寻求型时，是能够促进自身生产率的提升，对自身生产率产生显著正向效应的。

表 7 - 3　　　　　　　　　　　　总体样本的固定效应估计结果

变量名	Coefficient	Std. Error	t-Statistic	Prob.
c	-2.0121***	0.2819	-7.1376	0.0000
$\ln IFDI$	0.0325***	0.0104	3.1214	0.0024
$\ln OFDI$	0.0173***	0.0032	5.3462	0.0000
$\ln rdk$	0.0062	0.0059	1.0385	0.3016
$\ln hum$	-0.1766	0.1226	-1.4398	0.1531
$\ln kl$	1.0914***	0.0424	25.7519	0.0000
$\ln stru$	0.1550***	0.0515	3.0111	0.0033
$\ln IFDI \times \ln OFDI$	0.0053***	0.0011	4.7582	0.0000
F = 100.39	Prob（F）= 0.0000		R^2 = 0.942	

注：观测值为 117，截面数为 13，R^2 为组内拟合优度，***、**、* 分别表示在 1%、5% 和 10% 的显著性水平上显著。

从表 7 - 3 的回归结果还看出，研发资本投入并没有对服务业生产率产生显著的正向溢出作用，研发资本投入并没有推动我国服务业生产率的增长。通常来说，研发资本投入越多，研发创新水平越高，企业吸收能力越强，技术溢出效应就越明显，研发创新水平的提升更是将科技成果转化为最终生产力的必要条件。可是就我们当前的实证结果来看，研发资本投入并没有显著促进服务业生产率的增长，这与钱学锋等（2011）对中国工业企业的研究和

---

[1]　此前，也有学者证实了 FDI 对母国 TFP 增长的贡献作用，如赵伟等（2010），也有学者证实 FDI 对母国 TFP 增长没有产生显著的正向影响作用，如李梅、柳士昌（2012）。

陶长琪等（2010）[①] 对中国全要素生产率空间差异的研究结论是一致的。可能的原因在于当前中国服务业研发投入费用的使用还存在一定的问题，导致了所谓的"产学研脱节"，研发创新在将科技成果转化为最终生产力方面的效率低下，与此同时研发费用的投入结构也不尽合理[②]。服务业人力资本水平的提升对服务业生产率增长也不存在显著的正向作用，乍看上去这不符合常理。一般而言，人力资本应该是内资企业生产率水平提升最重要的决定因素，但我们得出的结论却恰恰相反，这可能的原因在于我们所考察的人力资本是根据受教育年限来衡量的，而受教育年限只是保证了我们所接受教育程度的高低，并不能保证我们是否将自己所获取的全部知识已经应用于特定的领域。人力资本作为东道国吸收能力强弱的体现，是吸收国外先进技术和管理经验的载体，只是我们从实证检验看到，人力资本并没有发挥出应有的强化吸收能力的作用。事实上杨青青等（2009）、王恕立等（2013）[③] 在对服务业生产率进行研究时就得出了一致的结论，人力资本水平对服务业生产力提升并不存在显著的正向影响。这可能与当前我国的教育体制也存在一定关系，大学扩招让很多的高学历劳动者在找工作时面临激烈的就业压力，不得不选择一些低学历劳动者即可胜任的体力劳动岗位，从而使得高学历劳动者的工作积极性大打折扣，从而不利于服务业生产率的提升。

从回归结果还可以看出，资本密集度和行业结构比例的提高都显著促进了服务业生产率的增长。表明资本深化对中国服务业生产率的增长具有促进作用，这与李小平（2007）、王恕立等（2013）对中国大型工业企业、中国服务业分行业的研究结论是一致的，但与张军（2002）、顾乃华（2008）对中国整体生产率、中国服务业省级生产率的研究结论是相反的，他们认为过早的资本深化不利于全要素生产率的提高。表明由于数据选取、研究方法以及研究对象的不同，可能导致资本深化对全要素生产率的不同影响（王恕立等，

---

① 陶长琪和齐亚伟（2010）认为研发经费的投入虽然对技术效率的改善有正向影响，但却严重制约了技术进步的提升，最终导致了研发经费投入对生产率提升的负向影响。

② 钱学锋（2011）就认为当前研发费用投入对工业企业生产率不存在显著溢出作用的原因就在于我国研发费用投入结构的不合理。

③ 王恕立、胡宗彪（2013）认为这与范登布希等（2006）所提到的人力资本的构成部分具有异质性是密不可分的。

2015）。服务业行业比例的提高有利于服务业全要素生产率的提升，表明产业结构变迁和产业结构调整已经成为服务业发展的一大推动力，服务业分行业比重提高有助于促进服务业自身生产率的提高。另外，服务业利用外资与服务业对外投资的交互项系数也显著为正，表明中国服务业在既利用外资又对外投资的情况下，可以显著促进服务业自身生产率的提高。

7.3.2 服务业双向 FDI 的生产率效应：行业差异

参考王恕立、胡宗彪（2012）的做法，我们将服务业划分为生产性服务业和生活性服务业两大类，用以考察服务业双向 FDI 生产率效应的行业差异表现，结果如表 7-4 所示。表 7-4 中的（1）列和（2）列是生产性服务业双向 FDI 的生产率效应估计结果，（3）列和（4）列是生活性服务业双向 FDI 的生产率效应估计结果。结果显示，不管是生产性服务业还是生活性服务业，研发资本投入和人力资本水平的提升对其生产率增长都没起到显著的促进作用，且人力资本对生产性服务业的不显著作用要低于生活性服务业。行业结构比例的提升显著促进了生产性服务业生产率的增长，但对生活性服务业的生产率并没有起到促进作用，这与胡宗彪（2013）的研究结论是一致的。资本密集度显著促进了生产性服务业和生活性服务业的生产率溢出。生产性服务业内向 FDI 的生产率溢出效应为负但不显著，而生活性服务业内向 FDI 的生产率溢出效应为正。生产性服务业和生活性服务业外向 FDI 的生产率溢出效应均为正，但生产性服务业的外向 FDI 生产率溢出效应要高于生活性服务业。服务业内向 FDI 与外向 FDI 交互项的乘积系数显著为正，这与服务业总体的估计结果是一致的。

表 7-4　　服务业双向 FDI 生产率效应的行业差异表现

变量名	（1）	（2）	（3）	（4）
c	-2.5462 *** (0.3729)	-2.6823 *** (0.3705)	-2.6842 (0.4632)	-2.2474 *** (0.4308)
$\ln IFDI$	-0.0316 (0.0246)	-0.0208 (0.0246)	0.0015 (0.0068)	0.0241 ** (0.0092)

续表

变量名	(1)	(2)	(3)	(4)
ln$OFDI$	0.0275 ***	0.0178 **	0.0032 *	0.0137 ***
	(0.0062)	(0.0078)	(0.0019)	(0.0036)
lnrdk	0.0339	0.0270	−0.0008	0.0006
	(0.0252)	(0.0248)	(0.0038)	(0.0034)
lnhum	−0.2184	−0.1808	0.2989	0.1495
	(0.1521)	(0.1497)	(0.1961)	(0.1793)
lnkl	1.2169 ***	1.2401 ***	1.1477 ***	1.1162 ***
	(0.0601)	(0.0598)	(0.0508)	(0.0459)
ln$stru$	0.3132 ***	0.2616 ***	−0.1150	−0.0220
	(0.0630)	(0.0669)	(0.1220)	(0.1116)
ln$IFDI$ × ln$OFDI$		0.0144 *		0.0035 ***
		(0.0073)		(0.0011)
R^2	0.943	0.945	0.975	0.981
F	90.949	88.923	175.65	205.45
Prob（F）	0.0000	0.0000	0.0000	0.0000

注：括号内为标准误，*** 、** 、* 分别表示在 1%、5%、10% 的水平上显著。

7.3.3　稳健性结果检验

为了对模型估计结果的稳健性结果进行验证，我们参考胡宗彪（2013）的做法，将从以下几个方面进行展开。

第一，保持人力资本指标不变，改变服务业利用外资强度和服务业对外投资强度的指标测度方法。用服务业实际利用外资额和对外直接投资额占服务业分行业固定资产投资的比重分别表示服务业利用外资强度和对外投资强度，结果列于表 7 - 5 中的（1）例。与表 7 - 3 中的估计结果相比，各变量系数的显著性均未发生显著性改变，并没有因为解释变量指标度量方法的改变而产生实质性改变，因此可以说本书的估计结果是稳健的。

表 7 - 5   模型估计结果的稳健性检验

变量名	(1)	(2)	(3)	(4)
c	-1.6356***	-2.5000***	-2.4809***	-1.7721***
	(0.2740)	(0.1573)	(0.1081)	(0.2127)
$\ln IFDI$	0.0219**	0.0242*	0.0237*	0.0227**
	(0.0099)	(0.0131)	(0.0131)	(0.0099)
$\ln OFDI$	0.0075*	0.0194***	0.0193***	0.0078*
	(0.0044)	(0.0040)	(0.0040)	(0.0044)
$\ln rdk$	0.0047	0.0052	0.0053	0.0046
	(0.0056)	(0.0061)	(0.0061)	(0.0056)
$\ln hum$	-0.1459	0.0117	0.0056	-0.0830
	(0.1111)	(0.0634)	(0.0231)	(0.0773)
$\ln kl$	0.8905***	1.0721***	1.0677***	0.8811***
	(0.0513)	(0.0434)	(0.0500)	(0.0505)
$\ln stru$	0.0763*	0.1430***	0.1463***	0.0776*
	(0.0469)	(0.0535)	(0.0530)	(0.0475)
$\ln IFDI \times \ln OFDI$	0.0021*	0.0051**	0.0051**	0.0020*
	(0.0012)	(0.0020)	(0.0020)	(0.0012)
R^2	0.958	0.939	0.940	0.957
F	93.203	91.651	91.678	92.553
Prob (F)	0.0000	0.0000	0.0000	0.0000

注：括号内为标准误，***、**、*分别表示在1%、5%、10%的水平上显著。

第二，保持服务业利用外资强度和对外投资强度指标不变，将服务业人力资本水平的度量方法改为：小学比重×6 + 初中比重×9 + 高中比重×12 + 大专比重×15 + 大学比重×16 + 研究生以上学历比重×19，结果列于表 7 - 5 中的 (2) 列。与表 7 - 3 中的估计结果相比，各变量系数的显著性均未发生显著性改变，并没有因为解释变量指标度量方法的改变而产生实质性改变，因此可以说本书的估计结果是稳健的。

第三，保持服务业利用外资强度和对外投资强度指标不变，用高技能劳动者的比例表示服务业的人力资本水平，高技能劳动者定义为受教育程度为大专以上的劳动者，这样可以考察不同技能的劳动份额对服务业分行业全要素生产率的影响，结果列于表 7 - 5 中的（3）列。与表 7 - 3 中的估计结果相比，各变量系数的显著性均未发生显著性改变，并没有因为解释变量指标度量方法的改变而产生实质性改变，因此可以说本书的估计结果是稳健的。

第四，同时改变服务业利用外资强度、服务业对外投资强度和服务业人力资本水平指标的度量方法。即用服务业实际利用外资额和对外直接投资额占服务业分行业固定资产投资的比重分别表示服务业利用外资强度和对外投资强度，将服务业人力资本水平的度量方法改为：小学比重 ×6 + 初中比重 × 9 + 高中比重 ×12 + 大专比重 ×15 + 大学比重 ×16 + 研究生以上学历比重 × 19，结果列于表 7 - 5 中的（4）列。与表 7 - 3 中的估计结果相比，各变量系数的显著性均未发生显著性改变，并没有因为解释变量指标度量方法的改变而产生实质性改变，因此可以说本书的估计结果是稳健的。

7.4　服务业双向 FDI 与环境全要素生产率

7.3 节检验了不考虑环境因素的情形下，中国服务业双向 FDI 的生产率效应，本节将考虑环境约束下中国服务业双向 FDI 的生产率效应，以考察加入环境因素后中国服务业双向 FDI 的技术溢出情况，探析服务业增长与环境协调可持续发展的途径。根据生产率相关的决定理论以及前人的研究成果（王兵等，2010），将考虑环境因素的中国服务业全要素生产率作为被解释变量，解释变量有服务业利用外资强度、服务业对外投资强度、服务业研发资本投入、服务业公众环保意识、服务业禀赋结构、服务业发展水平、服务业环境规制强度。最终构建的计量经济模型如下：

$$\ln TFP_{i,t} = \alpha_0 + \alpha_1 \ln IFDI_{i,t} + \alpha_2 \ln OFDI_{i,t} + \alpha_3 \ln rdk_{i,t} + \alpha_4 \ln etc_{i,t} + \alpha_5 \ln IFDI_{i,t}$$
$$\times \ln OFDI_{i,t} + \alpha_6 \ln kl_{i,t} + \alpha_7 \ln sdl_{i,t} + \alpha_8 \ln dsdl_{i,t} + \alpha_9 \ln emc_{i,t} + \varepsilon_{i,t}$$

$$(7 - 5)$$

服务业公众环保意识（etc）是指服务业劳动力对环境的保护意识，其对一国环境质量状况的改善起着至关重要的作用，对于一个社会环境管理的能力也是非常重要的。对公众环保意识指标的测度仍然沿用劳动力的平均受教育年限，以劳动力平均受教育年限作为代理变量（王兵等，2010）。用资本—劳动比表示服务业的禀赋结构，以此考察服务业禀赋结构的转化对环境约束下服务业全要素生产率的影响。用服务业增加值占国内生产总值的比重衡量服务业发展水平（sdl），同时为了检验服务业"环境库兹涅茨曲线"是否存在，加入了服务业发展水平的二次方。基于环境规制强度（emc）的衡量方法和数据的可得性，本书用工业二氧化硫的去除率作为代理变量[①]。

7.4.1　结论及讨论

表 7 - 6 列出了环境约束下服务业双向 FDI 生产率效应的模型估计结果，Hausman 检验表明对环境约束下服务业全要素生产率的回归分析应该选择固定效应模型。首先关注服务业发展水平对环境全要素生产率的影响，可以看出服务业发展水平对环境全要素生产率存在显著的负向影响，而服务业发展水平的二次方对环境 TFP 存在显著的正向影响，充分表明环境约束下的服务业全要素生产率支持"环境库兹涅茨曲线"假说。服务业发展的初期，对环境产生了不利的影响，造成了较多的环境污染，随着服务业的进一步发展，环境污染越来越严重，但环境污染并不是无限制的增加，而是存在一个临界点，当服务业的发展程度到达某一临界点，环境污染就会得到逐步改善。

表 7 - 6　　环境约束下服务业双向 FDI 生产率效应的模型估计结果

变量名	服务业整体	生产性服务业	生活性服务业
c	- 0. 3853 (0. 2534)	- 0. 0309 (0. 2911)	- 1. 3736 (0. 8360)
ln$IFDI$	- 0. 0054 (0. 0093)	0. 0152 (0. 0193)	- 0. 0172 (0. 0138)

---

① 关于环境规制强度指标的衡量，李眺（2013）认为主要存在以下几种形式：企业治理污染投资占企业总成本或产值的比重、环境规制下的污染排放量、环境规制机构对企业排污的检查和监督次数。鉴于目前对于服务业还没有一个明确的排污标准，所以用工业二氧化硫的去除率作为代理变量，随着服务业统计数据的增强和可得性，对于服务业环境规制强度指标的衡量将会更加精细化。

续表

变量名	服务业整体	生产性服务业	生活性服务业
ln$OFDI$	− 0. 0070 ** (0. 0035)	− 0. 0152 ** (0. 0066)	− 0. 0061 (0. 0057)
lnrdk	0. 0115 ** (0. 0052)	0. 0771 *** (0. 0197)	0. 0066 (0. 0052)
lnetc	0. 0051 (0. 1089)	− 0. 0712 (0. 1225)	0. 4766 (0. 3259)
lnkl	0. 1412 *** (0. 0506)	0. 1725 *** (0. 0632)	− 0. 0280 (0. 1279)
lnsdl	− 0. 3934 *** (0. 0986)	− 0. 3890 *** (0. 1094)	− 0. 1454 (0. 2918)
ln$dsdl$	0. 0848 ** (0. 0362)	0. 0957 ** (0. 0373)	0. 0663 (0. 2050)
lnemc	0. 8574 *** (0. 0493)	0. 8110 *** (0. 0572)	0. 9208 *** (0. 1525)
ln$IFDI$ × ln$OFDI$	− 0. 0018 * (0. 0011)	0. 0010 (0. 0059)	− 0. 0022 (0. 0017)
R^2	0. 926	0. 933	0. 937
F	70. 259	62. 433	51. 618
Prob（F）	0. 0000	0. 0000	0. 0000

注：括号内为标准误，*** 、 ** 、 * 分别表示在 1%、5%、10% 的水平上显著。被解释变量为环境约束下的服务业全要素生产率，为了方便起见，本书将环境约束下的服务业全要素生产率简称为"环境全要素生产率"。

服务业利用外资（内向 FDI）对环境约束下的中国服务业全要素生产率提升不存在显著的影响，服务业利用外资规模的扩大并没有带来环境全要素生产率的提高，表明"污染天堂假说"在中国服务业利用外资中是不存在的，这与涂正革（2008）的研究结论是一致的，而与王兵等（2010）的研究结论并不一致。服务业对外投资（外向 FDI）对环境约束下的中国服务业全要素生产率提升存在显著的负向影响[1]，也就是说服务业对外投资加剧了中国（母

---

[1] 周力、庞辰晨（2013）认为中国对外直接投资的环境效应是不确定的，这种不确定性主要来自作用机制的不同，产业结构优化效应和逆向技术溢出效应导致了中国对外直接投资的正向环境效应，而逆向技术溢出效应和产业结构优化效应的非期望传导导致了中国对外直接投资的负向环境效应。非期望传导是指影响效应与预期影响不相一致。

国）的环境污染，对环境产生了不利的影响，这表明中国服务业污染密集型产业以对外直接投资方式向国外转移的难度较大，且不一定必然带来节能减排效应。就 2012 年来说，污染密集型较弱的租赁和商务服务业，对外直接投资规模占服务业总体对外直接投资规模的比重达到了 45% 之多，而污染密集型较强的房地产业，其对外直接投资规模占服务业总体对外直接投资规模的比重仅有 3.42%。

此外，资本劳动对环境约束下中国服务业全要素生产率存在显著的正向影响作用，服务业禀赋结构的转化有利于环境效率的改善和环境全要素生产率的增长。研发资本投入对环境约束下中国服务业全要素生产率也存在显著的正向影响作用，表明中国服务业研发资本投入有利于环境生产清洁技术的研究和开发。公众环保意识的提高对一国环境质量状况的改善起着至关重要的作用，但从实证结果中看到其并没有促进环境约束下中国服务业生产率的提高，两者之间的关系并不显著，这可能与我们选取的指标存在一定关系，用服务业就业者的平均受教育年限衡量公众环保意识不一定是个恰当的选择。但研究表明需要进一步将日益提高的公众环保意识转化为促进社会环境管制能力提高的重要动力（王兵等，2010）。环境管制强度有利于环境约束下中国服务业全要素生产率的提高，对环境约束下中国服务业生产率存在显著的正向影响，可见适当的环境管制不仅有利于环境效率的改善还可以促进服务业生产率的提升，保障环境与服务业增长的协调可持续发展。

同时我们将服务业划分为生产性服务业和生活性服务业，对两者也进行了模型估计检验。结果显示，各指标对环境约束下生产性服务业生产率的影响作用和生活性服务业生产率的影响作用存在异质性。表现为：第一，对外直接投资对生产性服务业环境全要素生产率存在显著的负向影响，但对生活性服务业环境全要素生产率的影响作用虽然为负，但不显著；第二，研发资本投入的增加和禀赋结构的转化都有利于生产性服务业环境全要素生产率的提升，但对生活性服务业环境全要素生产率的影响作用却不显著，表明两者对生产性服务业的环境效应要明显优于生活性服务业；第三，环境约束下生产性服务业全要素生产率支持"环境库兹涅茨曲线"假说，但生活性服务业发展的"环境库兹涅茨曲线"效应并不显著。

7.4.2 稳健性结果检验

为了对模型估计结果的稳健性结果进行验证，我们参考胡宗彪（2013）的做法，将从以下四个方面进行展开。

表 7 - 7 模型估计结果的稳健性检验

变量名	（1）	（2）	（3）	（4）
c	− 0. 4359 （0. 2793）	− 0. 3832 （0. 1171）	− 0. 3978 *** （0. 1148）	− 0. 3328 ** （0. 1332）
$\ln IFDI$	0. 0013 （0. 0099）	− 0. 0053 （0. 0093）	− 0. 0060 （0. 0093）	0. 0009 （0. 0099）
$\ln OFDI$	− 0. 0040 （0. 0029）	− 0. 0070 ** （0. 0035）	− 0. 0069 * （0. 0035）	− 0. 0040 （0. 0029）
$\ln rdk$	0. 0095 * （0. 0054）	0. 0115 ** （0. 0052）	0. 0118 ** （0. 0052）	0. 0097 * （0. 0054）
$\ln etc$	0. 0486 （0. 1192）	0. 0018 （0. 0081）	0. 0147 （0. 0204）	− 0. 0003 （0. 0087）
$\ln kl$	0. 1226 ** （0. 0554）	0. 1439 *** （0. 0496）	0. 1328 *** （0. 0503）	0. 1275 ** （0. 0551）
$\ln sdl$	− 0. 4231 *** （0. 1125）	− 0. 3911 *** （0. 0959）	− 0. 3878 *** （0. 0957）	− 0. 4085 *** （0. 1068）
$\ln dsdl$	0. 0802 ** （0. 0402）	0. 0845 ** （0. 0355）	0. 0856 ** （0. 0354）	0. 0763 * （0. 0392）
$\ln emc$	0. 8929 *** （0. 0528）	0. 8545 *** （0. 0511）	0. 8455 *** （0. 0518）	0. 8926 *** （0. 0556）
$\ln IFDI \times \ln OFDI$	− 0. 0023 * （0. 0013）	− 0. 0018 * （0. 0011）	− 0. 0018 * （0. 0011）	− 0. 0023 * （0. 0013）
R^2	0. 919	0. 926	0. 927	0. 919
F	56. 656	70. 296	70. 669	56. 535
Prob（F）	0. 0000	0. 0000	0. 0000	0. 0000

注：括号内为标准误，***、**、*分别表示在1%、5%、10%的水平上显著。

第一，保持人力资本指标不变，用服务业实际利用外资额和对外直接投资额占服务业分行业固定资产投资的比重分别表示服务业利用外资强度和对外投资强度，结果列于表 7-7 中的（1）例。与表 7-6 中的估计结果相比，本书的研究结论并没有因为解释变量指标度量方法的改变而产生实质性改变，因此可以说本书的估计结果是稳健的。

第二，保持服务业利用外资强度和对外投资强度指标不变，改变服务业公众环保意识指标的度量方法（见 7.3.3），结果列于表 7-7 中的（2）列。与表 7-6 中的估计结果相比，本书的研究结论并没有因为解释变量指标度量方法的改变而产生实质性改变，因此可以说本书的估计结果是稳健的。

第三，保持服务业利用外资强度和对外投资强度指标不变，再次改变服务业公众环保意识指标的度量方法（见 7.3.3），结果列于表 7-7 中的（3）列。与表 7-6 中的估计结果相比，本书的研究结论并没有因为解释变量指标度量方法的改变而产生实质性改变，因此可以说本书的估计结果是稳健的。

第四，同时改变服务业利用外资强度、服务业对外投资强度和服务业公众环保意识指标的度量方法，结果列于表 7-7 中的（4）列。与表 7-6 中的估计结果相比，本书的最终研究结论并没有因为解释变量指标度量方法的改变而产生实质性改变，因此可以说本书的估计结果是稳健的。

7.5　本章小结

鉴于前期文献较少研究服务业 FDI 对其自身生产率的影响，也基于大多是将服务业利用外资和对外投资的生产率效应割裂开来进行研究，本章构建计量经济模型对服务业双向 FDI 的生产率效应进行实证检验，并在此基础上对中国服务业双向 FDI 的环境污染效应进行了探讨，通过实证检验中国服务业 FDI 到底是具有"污染避难所"效应还是"污染光环"效应，考虑环境污染问题之后中国服务业双向 FDI 的生产率溢出为正向效应还是负向效应，结论如下：

服务业利用外资不仅可以显著促进制造业整体生产效率的提升（Arnold et

al.，2012；Fernandes and Paunov，2012），而且还可以显著带动服务业部门的技术进步和生产率提高。跨国服务企业的进入，使得我国服务企业部门的资本、劳动等生产投入要素实现了要素重置，改善了我国服务部门生产要素的不合理配置，继而通过资源再配置效应促进了服务行业整体生产率的提升。服务业对外投资对中国（母国）服务业生产率存在显著的逆向溢出效应，表明中国服务业对外投资存在"投资学习效应"，可以通过学习国外先进管理技术和经验理念，对自身产生显著的正向生产率溢出。此外，在其他控制变量中，只有资本密集度和服务业行业结构对服务业生产率产生了显著的正向影响，而研发资本投入、服务业人力资本水平对服务业生产率提升的作用都不显著。究其原因可能在于当前中国服务业研发投入费用的使用还存在一定的问题，导致了所谓的"产学研脱节"，研发创新在将科技成果转化为最终生产力方面的效率低下，与此同时研发费用的投入结构也不尽合理。我们以受教育年限来衡量服务业人力资本水平指标存在一定的局限性，受教育年限只是保证了我们所接受教育程度的高低，并不能保证我们是否将自己所获取的全部知识已经应用于特定的领域。

在此基础上我们加入环境要素，对环境约束下中国服务业双向 FDI 的生产率效应进行了实证检验。服务业利用外资（内向 FDI）对环境约束下的中国服务业全要素生产率提升不存在显著的影响，表明"污染天堂假说"和"污染光环假说"在中国服务业利用外资中是不存在的，这与涂正革（2008）的研究结论是一致的，而与王兵（2010）的研究结论并不一致。服务业对外投资（外向 FDI）对环境约束下的中国服务业全要素生产率提升存在显著的负向影响，表明中国服务业污染密集型产业以对外直接投资方式向国外转移的难度较大，且不一定必然带来节能减排效应。此外环境约束下的中国服务业全要素生产率支持"环境库兹涅茨曲线"假说。在其他控制变量中，研发资本投入、服务业禀赋结构转化、环境管制强度都有利于环境效率的改善和环境全要素生产率的增长，公众环保意识的提高对一国环境质量状况的改善起着至关重要的作用，需要进一步将日益提高的公众环保意识转化为促进社会环境管制能力提高的重要动力（王兵等，2010）。

最后，我们对两种情况下（考虑环境因素和不考虑环境因素）的模型估计结果都进行了稳健性结果检验，分别改变解释变量（服务业利用外资强度、服务业对外投资强度、服务业人力资本水平、服务业公众环保意识）指标的度量方法。稳健性检验结果表明，本书的研究结论并没有因为解释变量指标度量方法的改变而发生实质性改变，因此本章得到的结论是可靠的、稳健的。

第 8 章
全书总结及研究展望

8.1　主要研究结论

本书将环境因素纳入服务业生产率研究框架，对环境约束下的服务业生产率进行重新测算，并与未考虑环境因素的服务业生产率进行对比分析，阐释纳入环境因素后产生差异的特征性事实以及差异产生的原因。并以服务业双向 FDI 的互动发展为前提，从服务业 FDI 流动的双维视角探析其生产率效应，以期从环境约束视角揭示中国服务业双向 FDI 的生产率效应。主要研究结论有：

（1）随着国际分工的不断深化和经济全球化的飞速发展，加上产业结构的不断调整，外国直接投资的重心已经向服务业转移，特别是中国加入 WTO 以来，中国逐步扩大服务业领域使得服务业成为外国直接投资的重点行业，服务业跨国企业已经成为国际直接投资的主体，在国际直接投资中占据了主导性地位。中国双向 FDI 流动的区域分布极不均衡，特别是对欧洲各国的双向 FDI 规模和比重都非常小，双向投资结构有待完善。国际投资经验表明，一国要进行大量的对外投资就需要有相当数量的利用外资与其相对应，对外投资规模与利用外资规模一般以 1.1∶1 为宜。近年来中国对外投资规模已经有了赶超利用外资的趋势，2014 年我国实际对外投资总额已经超过利用外资总额 200 亿美元，实现了外向 FDI 对内向 FDI 的反超，成为 FDI 的净输出国。具体到服务业而言，中国服务业双向投资发展速度整体上存在严重的不均衡，相对于发达国家来说规模较小，服务业双向 FDI 占全球服务业 FDI 总额的比重偏低，服务业对外投资与利用外资的比例更是远远落后于发达国家，服务业投资结构也不尽合理，行业分布过于集中。通过对服务业利用外资和对外投资的因果关系检验，发现服务业利用外资短期内就可以促进对外投资，而服务业对外投资可能要在长期内才会带动利用外资。

（2）构建理论模型解释服务业内向 FDI 和外向 FDI 的生产率效应，并从生产率角度对服务业利用外资与对外投资的互动机理（单向因果关系无法解释至少有一国率先出现 FDI 流出却没有 FDI 流入的现象）进行阐述。通过理论模型的分析，我们发现服务业 FDI 流入东道国，提升了东道国生产服务产品的质量水平，降低了企业生产服务产品的边际生产成本，进而可以提高企业的生产率水平。即服务业内向 FDI 可以通过行业内要素重组（再配置效应）推动服务业生产率水平的提高和进步。服务业通过对外直接投资的方式在东道国进行服务产品的生产，无论所生产的服务产品是用于东道国市场消费还是第三方国家市场消费，都可以推动服务业生产率水平的提高和进步（学习效应）。服务业利用外资通过产生技术溢出效应为对外投资提供了条件，提高了东道国服务业对外直接投资的能力，增强了东道国服务业对外直接投资决策的"自我选择能力"。与此同时，服务业对外直接投资能力的提高也可以提升一国的外债承受能力，增强本国的经济实力和综合国力，从而吸引更多服务业外资的进入。

（3）本书将环境因素纳入生产率研究体系，分别对环境约束下中国各地区和中国服务业分行业的服务业 TFP 变动进行再测算，同时与不考虑环境因素的中国服务业 TFP 变动的区域和行业差异进行了对比，并在此基础上运用趋同理论对服务业 TFP 的区域和行业增长进行了收敛检验。结果发现，中国服务业 TFP，技术效率以及技术进步增长率不但存在明显的区域差异，而且存在较大的行业异质性。不考虑环境因素的传统测算方法显著高估了服务业 TFP 的增长率，环境因素显著影响中国服务业生产率的测算。服务业发展的过程中所表现出的粗放型增长特点依然明显，所带来的环境污染问题也日益严峻，中国服务业还未实现由粗放型向集约型增长方式的真正转变。服务业生产率增长的主要驱动力在于技术进步，技术效率的作用偏弱，表明在技术效率上还存在巨大的挖掘潜力和空间，我国服务业今后应通过改善技术效率状况来促进服务业生产率增长（顾乃华，2008；王恕立等，2012）。通过对环境约束下我国服务业 TFP 区域和行业变动的收敛性检验，发现我国服务业的 TFP 增长并没有随着时间的推移呈现逐渐缩小的趋势，服务业增长的区域和行业差距正在逐渐扩大，不管是分区域的服务业整体，还是服务业细分行业内部在治理环境污染方面的技术都相对匮乏，在不破坏环境生态平衡的前提下，中国服务业以后的发展不仅要注重地区间差距的缩小，而且要注重服务业内部的均衡协调发展。

（4）通过构建计量经济模型对服务业双向 FDI 的生产率效应进行检验，发现服务业利用外资不仅可以显著促进制造业整体生产效率的提升（Arnold et al.，2012；Fernandes and Paunov，2012），而且还可以显著带动服务业部门的技术进步和生产率提高。跨国服务企业的进入，使得我国服务企业部门的资本、劳动等生产投入要素实现了要素重置，改善了我国服务部门生产要素的不合理配置，继而通过资源再配置效应促进了服务行业整体生产率的提升。服务业对外投资对中国（母国）服务业生产率存在显著的逆向溢出效应，表明中国服务业对外投资存在"投资学习效应"，可以通过学习国外先进管理技术和经验理念，对自身产生显著的正向生产率溢出。此外，资本密集度和服务业行业结构对服务业生产率产生了显著的正向影响，而研发资本投入、服务业人力资本水平对服务业生产率提升的作用都不显著。究其原因可能在于当前中国服务业研发投入费用的使用还存在一定的问题，导致了所谓的"产学研脱节"，研发创新在将科技成果转化为最终生产力方面的效率低下，与此同时研发费用的投入结构也不尽合理。我们以受教育年限来衡量服务业人力资本水平指标存在一定的局限性，受教育年限只是保证了我们所接受教育程度的高低，并不能保证我们是否将自己所获取的全部知识应用于特定的领域。

（5）在此基础上加入环境要素，对环境约束下中国服务业双向 FDI 的生产率效应进行了实证检验。服务业利用外资（内向 FDI）对环境约束下的中国服务业全要素生产率提升不存在显著的影响，表明"污染天堂假说"和"污染光环假说"在中国服务业利用外资中是不存在的。服务业对外投资（外向 FDI）对环境约束下的中国服务业全要素生产率提升存在显著的负向影响，表明中国服务业污染密集型产业以对外直接投资方式向国外转移的难度较大，且不一定必然带来节能减排效应。此外环境约束下的中国服务业全要素生产率支持"环境库兹涅茨曲线"假说。在其他控制变量中，研发资本投入、服务业禀赋结构转化、环境管制强度都有利于环境效率的改善和环境全要素生产率的增长，公众环保意识的提高对一国环境质量状况的改善起着至关重要的作用，需要进一步将日益提高的公众环保意识转化为促进社会环境管制能力提高的重要动力（王兵等，2010）。

8.2　政策启示

本书研究表明，中国服务业生产率存在较大的区域和行业异质性，不考虑环境因素会显著高估服务业生产率，并不能反映中国服务业发展的真实绩效水平，理论分析表明中国服务业双向 FDI 可以通过行业内再配置效应和对外投资学习效应促进服务业生产率及其增长，进而运用中国服务业分行业数据验证了理论假说。这一结论对于一国政府和企业在服务经济背景下服务业发展水平的提升和推动服务业"请进来"与"走出去"双向战略的选择以及制定资源、环境与服务业协同发展的可持续发展政策等都有着重要的现实意义。对于中国服务业而言，在引进外资和对外投资方面都取得了较为可喜的成就，服务业双向 FDI 规模、增速、比重都有了不同程度的提升，但同时也存在一系列问题（如行业分布过于集中、投资结构不尽合理等）。所以，结合本书的研究结论，得出如下政策启示：

（1）我国在今后还需制定一系列更为合理和有效的引资政策和投资法规，在合理有效引进更多外资的同时不能忽视对外投资的重要性，有针对性的利用外资，且要扬长避短。积极探索利用外资和对外投资的互动模式，充分认识和把握内向 FDI 与外向 FDI 之间相互联系相互影响的辩证统一关系，努力实现双向投资均衡协调的发展。具体到服务业，中国应当继续扩大服务业双向 FDI 规模，吸引越来越多的服务业 IFDI，同时提升服务业 OFDI 所占比重，保持服务业双向投资的均衡协调发展。促进服务业双向 FDI 的产业结构调整，指导和调整服务业双向 FDI 行业结构，实现服务业行业和区域结构的优化，促进产业结构优化升级和区域经济的快速发展，让服务业 IFDI 和 OFDI 更多的流入和流向知识密集型和技术密集型的现代服务行业，实现服务业双向投资由低端的传统服务行业到高端的知识技术密集型服务行业的转移。

（2）当前中国服务业生产率增长主要来自技术进步，技术效率的贡献作用微弱，技术效率的改善方面也问题重重，并没有充分挖掘出特有的潜力，中国今后应注重从技术效率的改善方面来提升服务业生产率，特别是提高服务业科技成果的转化率。服务业在发展的过程中展现出的粗放型特点依然明显，并没有实现由粗放型向集约型经济增长方式的真正转变，今后推动服务业增长模式的转变就成为服务业发展的重中之重，模式转变的关键就在于由充分依赖资本、劳动等投入生产要素向提升服务业生产率转变。鉴于中国服务业生产率的区域和行业异质性，以及服务业自身的异质性特征，我们认为服务业发展应该遵循"分门别类、实事求是推进"的战略（刘培林、宋湛，2007）。虽然本书对两种情形下的服务业生产率进行了测算和分析，并运用所得数据对产生差异的原因进行了相关分析，但对于服务业生产率的现实表现缺乏更进一步更深层次的原因透视，这些都有待今后更加深入的研究。

（3）鉴于当前中国服务业双向 FDI 的正向生产率效应，我们应继续吸引更多的跨国服务业 FDI，为服务业内向 FDI 创造更好的法制、文化环境，鼓励服务企业以对外直接投资的方式寻求效率，去学习发达国家的先进生产技术和管理经验，进一步提升自身的生产率水平。再者当前服务业发展所造成的环境污染已不容忽视，鼓励国家大力发展服务业的同时，还需制定相关的环境保护政策，提高自身的治污能力，保障资源、环境与服务业增长的协调可持续发展。当然这不仅需要政府为新清洁技术提供研发支持，还需要配以相应的激励措施以促进新技术的推广和应用。从生产者的角度来看，给予生产企业适当的政策优惠，鼓励企业多运用清洁型生产技术，增强企业的自主创新能力；从消费者的角度来看，要多做环境保护公益宣传，让消费者认清环境保护的重要性，鼓励多消费环保产品，进而刺激企业转向生产环境友好型产品。另外制定相应的环境规制门槛，对于污染排放量超标的企业增加环境税率，进而激励企业采取更为先进更为环保的清洁型生产技术减少污染密集型产品的生产。

8.3　本书的创新点

查阅已有的相关文献，我们发现关于服务业 FDI 生产率效应的研究基本都集中于单维度视角，缺乏双维视角的研究，且都集中于服务业对中国经济整体及制造业生产率影响的研究，鲜有关于服务业 FDI 对其自身生产率影响的研究。本书将从双维视角出发，以服务业双向 FDI 互动发展为前提，并在服务业生产率的测算中考虑到环境污染这一重要因素，对环境约束视角下中国服务业双向 FDI 的生产率效应进行探究，主要的创新点有：

（1）结合当前服务业已经在国际直接投资中占据主体地位的现实状况，将 FDI 的生产率效应研究拓展至服务业领域，这对于中国在服务经济背景下服务业发展水平的提升和推动服务业"请进来"与"走出去"双向战略的选择都具有重要的现实意义。本书重点研究服务业 FDI 对其自身生产率的影响，打破了已有研究侧重服务业 FDI 与制造业（或整体行业）生产率关系的研究局限，这是对 FDI 生产率效应研究的视野扩展。同时考虑到部分服务企业同时利用外资和对外投资的情况，注重从二维视角探究服务业双向 FDI（内向FDI 和外向 FDI）的生产率效应，这也是对传统的单维研究范式的突破。

（2）在服务业发展背后所隐藏的环境污染问题日益凸显的现实背景下，将环境污染这一"坏产出"纳入到服务业全要素生产率的测度体系。通过对中国服务业全要素生产率的重新测算，纠正了传统方法对服务业 TFP 的高估结果，这不仅是对当前服务业全要素生产率测算分析的有益补充，而且有助于准确评估环境约束下的中国服务业发展真实绩效。

（3）区别于现有文献，本书以服务业分行业为切入点，考察了服务业内部行业的发展不平衡性及行业异质性等特征，从而更为准确地揭示了中国服务业生产率的行业异质性事实。在理论分析中，通过构建服务业双向 FDI 与服务业生产率变迁的数理模型，分别解释了服务业内向 FDI 的行业内资源再配置效应和服务业外向 FDI 的投资学习效应，并从生产率视角对服务业双向 FDI 发展的路径机制进行了初步探析，从而有效地填补了中国服务业 FDI 影响服务业生产率以及二者互动发展的理论空白。在实证分析中，运用中国服务业分行业面板数据，对上述理论命题进行了实证检验，揭示了环境约束下中国服务业双向 FDI 的生产率效应，这对于我国制定资源、环境与服务业协同发展的可持续发展政策有着重要的理论和现实意义。

8.4　研究工作展望

本书将环境纳入生产率研究框架，对服务业全要素生产率进行了再测算，从服务业双向 FDI 的互动发展出发，构建理论模型解释了服务业双向 FDI 的生产率效应，进而构建计量经济模型对理论假说进行了验证。随着全球经济服务化趋势的日益凸显，在数据资料逐步完善以及研究方法不断创新的形式下，我们今后的研究方向主要有如下几点：

（1）本书对环境约束下中国服务业全要素生产率的再测算仅考虑了 SO_2 和 COD 这两种主要污染物，而没有考虑到其他污染物排放，实际上服务业生产过程中所产生的污染物不止这两种。随着服务业污染数据可得性的增强，今后我们对于环境约束下的中国服务业生产率将进行更为细致的测算，以求更为准确和合理的认识环境约束下中国服务业 TFP 的增长状况，更为精确和完整的反映中国服务业发展的真实绩效水平。

（2）当前对于服务业全要素生产率的测算基本都集中于宏观和中观层面（国家层面和产业层面），缺乏从微观层面（企业层面）的剖析，所以我们对服务业全要素生产率的研究也是不够深入的。当然这很重要的一大原因是服务企业微观数据的可获得性，特别是对服务企业污染物的排放统计极其缺乏。因此，在服务企业（微观层面）的数据可以获取时，我们将对环境约束下的中国服务业生产率进行再测算，并对中国服务企业 FDI 的行业内再配置效应和对外投资学习效应进行深入考察和深层透析。

（3）本书只是对环境约束视角下中国服务业双向 FDI 的生产率效应进行了初步的尝试性研究，对于影响因素指标的选取也带有主观性，另外人们对环境质量的需求偏好影响在本书的实证研究中也没有得到体现，这些都是本书后续需要研究的主要内容之一。

（4）虽然本书对服务业 FDI 影响环境的理论机制进行了剖析研究，并认为服务业 FDI 对环境污染的影响效应取决于规模效应、结构效应和技术效应的综合作用结果。但限于本书的研究视角，本书的实证研究并没有从这三方面来进行综合解析，而是从环境全要素生产率的角度出来进行考究。因此，今后的研究中对服务业 FDI 影响环境的三大效应经验检验也将会是本书后续研究的重要内容。

参 考 文 献

［1］白洁：《对外直接投资的逆向技术溢出效应》，载于《世界经济研究》2009年第8期。

［2］包群、陈媛媛、宋立刚：《外商直接投资与东道国环境污染：存在倒U型曲线关系吗》，载于《世界经济》2010年第1期。

［3］蔡昉、都阳：《中国地区经济增长的趋同与差异——对西部开发战略的启示》，载于《经济研究》2000年第10期。

［4］蔡跃洲、郭梅军：《我国上市商业银行全要素生产率的实证分析》，载于《经济研究》2009年第9期。

［5］陈刚：《FDI竞争、环境规制与污染避难所——对中国式分权的反思》，载于《世界经济研究》2009年第6期。

［6］陈景华：《企业异质性、全要素生产率与服务业对外直接投资——基于服务业行业和企业数据的实证检验》，载于《国际贸易问题》2014年第7期。

［7］陈诗一：《中国的绿色工业革命：基于环境全要素生产率视角的解释（1980～2008）》，载于《经济研究》2010年第11期。

［8］陈涛涛、潘文卿、陈晓：《吸引外资对于对外投资能力的影响研究》，载于《国际经济合作》2011年第5期。

［9］陈涛涛：《中国FDI行业内溢出效应的内在机制研究》，载于《世界经济》2003年第9期。

［10］程大中：《中国服务业的增长与技术进步》，载于《世界经济》2003年第7期。

［11］龚艳萍、郭凤华：《对外直接投资对产业技术进步的影响——文献回顾与我国的实证研究》，载于《中南大学学报（社会科学版）》2009年第

6 期。

[12] 顾乃华:《1992～2002 年我国服务业增长效率的实证分析》,载于《财贸经济》2005 年第 4 期。

[13] 顾乃华、李江帆:《中国服务业技术效率区域差异的实证分析》,载于《经济研究》2006 年第 1 期。

[14] 顾乃华:《我国服务业发展的效率特征及其影响因素——基于 DEA 方法的实证研究》,载于《财贸研究》2008 年第 4 期。

[15] 郭红燕、韩立岩:《外商直接投资、环境管制与环境污染》,载于《国际贸易问题》2008 年第 8 期。

[16] 郭克莎:《三次产业增长因素及其变动特点分析》,载于《经济研究》1992 年第 2 期。

[17] 韩德超:《生产性服务业 FDI 对工业企业效率影响研究》,载于《统计研究》2011 年第 2 期。

[18] 何枫、袁晓安:《我国 SFDI 产业内溢出效应机制及其实证效果研究——基于跨省面板数据的随机前沿分析》,载于《数量经济技术经济研究》2010 年第 6 期。

[19] 胡宗彪:《企业异质性、贸易成本与服务业生产率》,载于《世界经济》2014 年第 6 期。

[20] 江小涓:《服务业增长:真实含义、多重影响和发展趋势》,载于《经济研究》2011 年第 4 期。

[21] 姜瑾、朱桂龙:《外商直接投资行业间技术溢出效应实证分析》,载于《财经研究》2007 年第 1 期。

[22] 姜巍、吴燕君:《我国知识产权保护对 OFDI 逆向技术溢出效应的影响》,载于《科技与经济》2012 年第 10 期。

[23] 揭水晶、吉生保、温晓慧:《OFDI 逆向技术溢出与我国技术进步》,载于《国际贸易问题》2013 年第 8 期。

[24] 柯孔林、冯宗宪:《中国银行业全要素生产率测度:基于 Malmquist-Luenberger 指数研究》,载于《数量经济技术经济研究》2008 年第 4 期。

[25] 匡远凤、彭代彦:《中国环境生产效率与环境全要素生产率分析》,

载于《经济研究》2012 年第 7 期。

[26] 李谷成：《基于转型视角的中国农业生产率研究》，华中农业大学硕士学位论文。

[27] 李谷成：《中国农业生产率增长的地区差距与收敛性分析》，载于《产业经济研究》2009 年第 2 期。

[28] 李梅、柳士昌：《对外直接投资逆向技术溢出的地区差异和门槛特征——基于中国省级面板数据的门槛回归分析》，载于《管理世界》2012 年第 1 期。

[29] 李胜文、李新春、杨学儒：《中国的环境效率与环境管制》，载于《财经研究》2010 年第 2 期。

[30] 李小平、卢现祥、朱钟棣：《国际贸易、技术进步和中国工业行业的生产率增长》，载于《经济学（季刊）》2008 年第 1 期。

[31] 李小平：《自主 R&D、技术进步和生产率增长——对中国大型工业企业的实证分析》，载于《数量经济技术经济研究》2007 年第 7 期。

[32] 李子豪、刘辉煌：《外商直接投资的环境效应——基于中国 36 个工业部门数据的实证研究》，载于《系统工程》2010 年第 11 期。

[33] 林毅夫、刘明兴：《中国的经济增长收敛与收入分配》，载于《世界经济》2003 年第 8 期。

[34] 林毅夫、刘培林：《经济发展战略对劳均资本积累和技术进步的影响——基于中国经验的实证研究》，载于《中国社会科学》2003 年第 4 期。

[35] 刘宏、张蕾：《中国 ODI 逆向技术溢出对全要素生产率的影响程度研究》，载于《财贸经济》2012 年第 1 期。

[36] 刘建民、陈果：《环境管制对 FDI 区位分布影响的实证分析》，载于《中国软科学》2008 年第 1 期。

[37] 刘军：《异质性视角下服务企业对外直接投资动机研究》，中国财政经济出版社 2015 年版。

[38] 刘凯敏、朱钟棣：《我国对外直接投资与技术进步关系的实证研究》，载于《亚太经济》2007 年第 1 期。

[39] 刘明霞、王学军：《中国对外直接投资的逆向技术溢出效应研究》，

载于《世界经济研究》2009 年第 9 期。

[40] 刘伟、张辉：《中国经济增长中的产业结构变迁和技术进步》，载于《经济研究》2008 年第 11 期。

[41] 刘夏明、魏英琪、李国平：《收敛还是发散？——中国区域经济发展争论的文献综述》，载于《经济研究》2004 年第 7 期。

[42] 刘兴凯、张诚：《中国服务业全要素生产率增长及其收敛分析》，载于《数量经济技术经济研究》2010 年第 3 期。

[43] 鲁晓东、连玉君：《中国工业企业全要素生产率估计：1999～2007》，载于《经济学季刊》2012 年第 2 期。

[44] 吕秀萍：《中国保险业全要素生产率变动的 Malmquist 指数分析——一个新的视角》，载于《保险研究》2009 年第 9 期。

[45] 聂飞、刘海云：《FDI、环境污染与经济增长的相关性研究——基于动态联立方程模型的实证检验》，载于《国际贸易问题》2015 年第 2 期。

[46] 潘文卿：《外商直接投资对中国工业部门的外溢效应：基于面板数据的分析》，载于《世界经济》2003 年第 6 期。

[47] 庞瑞芝、邓忠奇：《服务业生产率真的低吗？》，载于《经济研究》2014 年第 12 期。

[48] 彭国华：《中国地区收入差距、全要素生产率及其收敛分析》，载于《经济研究》2005 年第 9 期。

[49] 钱学锋、王菊蓉、黄云湖、王胜：《出口与中国工业企业的生产率–自我选择效应还是出口学习效应？》，载于《数量经济技术经济研究》2011 年第 2 期。

[50] 任若恩、孙琳琳：《我国行业层次的 TFP 估计：1981～2000》，载于《经济学季刊》2009 年第 3 期。

[51] 沙文兵：《对外直接投资、逆向技术溢出与国内创新能力——基于中国省际面板数据的实证研究》，载于《世界经济研究》2012 年第 3 期。

[52] 沈能：《环境效率、行业异质性与最优规制强度》，载于《中国工业经济》2012 年第 3 期。

[53] 盛斌、吕越：《外国直接投资对中国环境的影响——来自工业行业

面板数据的实证研究》，载于《中国社会科学》2012 年第 5 期。

［54］陶长琪、齐亚伟：《中国全要素生产率的空间差异及其成因分析》，载于《数量经济技术经济研究》2010 年第 1 期。

［55］滕建州、梁琪：《中国区域经济增长收敛吗？——基于时间序列的随机收敛和收敛研究》，载于《管理世界》2006 年第 12 期。

［56］田刚、李南：《中国物流业技术进步与技术效率研究》，载于《数量经济技术经济研究》2009 年第 2 期。

［57］涂正革：《环境、资源与工业增长的协调性》，载于《经济研究》2008 年第 2 期。

［58］涂正革、肖耿：《环境约束下中国工业增长模式的转变》，载于《世界经济》2009 年第 11 期。

［59］王兵、吴延瑞、颜鹏飞：《环境管制与全要素生产率增长：APEC 的实证研究》，载于《经济研究》2008 年第 5 期。

［60］王兵、吴延瑞、颜鹏飞：《中国区域环境效率与环境全要素生产率增长》，载于《经济研究》2010 年第 5 期。

［61］王兵、颜鹏飞：《技术效率、技术进步与东亚经济增长——基于 APEC 视角的实证分析》，载于《经济研究》2007 年第 5 期。

［62］王兵、朱宁：《不良贷款约束下的中国上市商业银行效率和全要素生产率研究——基于 SBM 方向性距离函数的实证分析》，载于《金融研究》2011 年第 1 期。

［63］王苍峰：《FDI 行业间联系与溢出效应——基于我国制造业行业面板数据的实证分析》，载于《世界经济研究》2008 年第 3 期。

［64］王昆、廖涵：《国内投入、中间进口与 FDI 垂直溢出——基于非竞争型投入产出表的实证研究》，载于《数量经济技术经济研究》2011 年第 1 期。

［65］王美霞：《中国生产性服务业细分行业全要素生产率异质性与影响因素研究》，载于《经济经纬》2013 年第 5 期。

［66］王恕立、胡宗彪：《服务业双向 FDI 的生产率效应研究－基于人力资本的面板门槛模型估计》，载于《财经研究》2013 年第 11 期。

［67］王恕立、胡宗彪：《中国服务业分行业生产率变迁及异质性考察》，载于《经济研究》2012 年第 4 期。

［68］王恕立、滕泽伟：《FDI 流入、要素再配置效应与中国服务业生产率——基于分行业的经验研究》，载于《国际贸易问题》2015 年第 4 期。

［69］王恕立、滕泽伟、刘军：《中国服务业生产率变动的差异分析——基于区域及行业视角》，载于《经济研究》2015 年第 8 期。

［70］王耀中、刘舜佳：《基于前后向关联分析的外商直接投资与技术外溢》，载于《经济评论》2005 年第 6 期。

［71］王耀中、张阳：《改革开放以来中国服务业生产率实证分析》，载于《管理评论》2011 年第 10 期。

［72］王英、刘思峰：《中国 ODI 反向技术外溢效应的实证分析》，载于《科学学研究》2008 年第 4 期。

［73］王宗赐、韩伯棠、钟之阳：《技术寻求型 FDI 及其反向溢出效应研究》，载于《科学学与科学技术管理》2011 年第 2 期。

［74］吴军：《环境约束下中国地区工业全要素生产率增长及收敛分析》，载于《数量经济技术经济研究》2009 年第 11 期。

［75］徐盈之、赵玥：《中国信息服务业全要素生产率变动的区域差异与趋同分析》，载于《数量经济技术经济研究》2009 年第 10 期。

［76］薛漫天、赵曙东：《外商直接投资的行业内与行业间溢出效应：哪些行业受益?》，载于《南开经济研究》2008 年第 1 期。

［77］杨博琼：《FDI 对东道国环境污染的影响——基于中国的实证检验》，南开大学博士论文。

［78］杨俊、邵汉华：《环境约束下的中国工业增长状况研究——基于 Malmquist-Luenberger 指数的实证分析》，载于《数量经济技术经济研究》2009 年第 9 期。

［79］杨青青、苏秦、尹琳琳：《我国服务业生产率及其影响因素分析——基于随机前沿生产函数的实证研究》，载于《数量经济技术经济研究》2009 年第 12 期。

［80］杨向阳：《基于 Hicks-Moorsteen 指数方法的中国服务业 TFP 分解——

以东部九省为例》，载于《财贸研究》2012 年第 1 期。

［81］杨向阳、徐翔：《中国服务业全要素生产率增长的实证分析》，载于《经济学家》2006 年第 3 期。

［82］杨勇：《中国服务业全要素生产率再测算》，载于《世界经济》2008 年第 10 期。

［83］杨正林、方齐云：《能源生产率差异与收敛：基于省级面板数据的实证分析》，载于《数量经济技术经济研究》2008 年第 9 期。

［84］尹琳琳、苏秦：《中国服务业生产率的变动态势及区域特征分析——基于数据包络分析方法的实证研究》，载于《软科学》2009 年第 11 期。

［85］尹小剑：《外向 FDI 对中国产业技术进步的有效性分析》，载于《华南农业大学学报（社会科学版）》2011 年第 1 期。

［86］于峰、齐建国：《我国外商直接投资环境效应的经验研究》，载于《国际贸易问题》2007 年第 8 期。

［87］袁诚、陆挺：《外商直接投资与管理知识溢出效应：来自中国民营企业家的证据》，载于《经济研究》2005 年第 3 期。

［88］袁晓玲、张宝山：《中国商业银行全要素生产率的影响因素研究——基于 DEA 模型的 Malmquist 指数分析》，载于《数量经济技术经济研究》2009 年第 4 期。

［89］原毅军、刘浩、白楠：《中国生产性服务业全要素生产率测度——基于非参数 Malmquist 指数方法的研究》，载于《中国软科学》2009 年第 1 期。

［90］曾贤刚：《环境规制、外商直接投资与"污染避难所"假说——基于中国 30 个省份面板数据的实证研究》，载于《经济理论与经济管理》2010 年第 11 期。

［91］张成：《内资和外资：谁更有利于环境保护——来自我国工业部门面板数据的经验分析》，载于《国际贸易问题》2011 年第 2 期。

［92］张杰、李勇、刘志彪：《出口促进中国企业生产率提高吗?》，载于《管理世界》2009 年第 12 期。

［93］张军、施少华：《中国经济全要素生产率变动：1952～1998》，载于

《世界经济文汇》2003 年第 2 期。

[94] 张军:《资本形成、工业化与经济增长:中国的转轨特征》,载于《经济研究》2002 年第 6 期。

[95] 张宇、蒋殿春:《FDI、政府监管与中国水污染——基于产业结构与技术进步分解指标的实证检验》,载于《经济学(季刊)》2014 年第 2 期。

[96] 张中元、赵国庆:《FDI、环境规制与技术进步——基于中国省级数据的实证分析》,载于《数量经济技术经济研究》2012 年第 4 期。

[97] 赵伟、古广东、何元庆:《外向 FDI 与中国技术进步:机理分析与尝试性实证》,载于《管理世界》2006 年第 7 期。

[98] 郑京海、胡鞍钢:《中国改革时期省际生产率增长变化的实证分析(1979~2001)》,载于《经济学季刊》2005 年第 2 期。

[99] 郑月明、王伟:《FDI 对我国东部地区就业影响的动态效应——基于 GMM 和 SYS-GMM 分析方法》,载于《工业技术经济》2010 年第 2 期。

[100] 周力、庞辰晨:《中国对外直接投资的母国环境效应研究——基于区域差异的视角》,载于《中国人口·资源与环境》2013 年第 8 期。

[101] 朱彤、崔昊:《对外直接投资、逆向技术溢出与中国技术进步》,载于《世界经济研究》2012 年第 10 期。

[102] 朱钟棣、李小平:《中国工业行业资本形成、全要素生产率变动及其趋势化:基于分行业面板数据的研究》,载于《世界经济》2005 年第 9 期。

[103] 邹玉娟、陈漓高:《我国对外直接投资与技术提升的实证研究》,载于《世界经济研究》2008 年第 5 期。

[104] Aghion, P., P. Howitt, 1992, "A Model of Growth through Creative Destruction", Econometrica, Vol. 60 (2): 323 – 351.

[105] Alvarez, R., R. Lopez., 2005, "Exporting and Performance: Evidence from Chilean Plants", Canadian Journal of Economic, Vol. 38 (4): 1384 – 1400.

[106] Arnold, J. M., B. S. Javorcik, M. Lipscomb, A. Mattoo, 2012, "Services Reform and Manufacturing Performance: Evidence from India", World Bank Policy Research Working Paper, No. 5948.

［107］ Arrow Kenneth, J. , 1962, "The Economic Implication of Learning by Doing", Review of Economic Studies, Vol. 29: 155 – 173.

［108］ Baldwin, R. , 2005, "Heterogeneous Firms and Trade: Testable and Untestable Properties of the Melitz Model", NBER Working Paper, No. 11471.

［109］ Barlett. B. , 1994, "The Hign Costs of Turning Greeen", Wall Street Journal, 14.

［110］ Barro, R. J. , 1991, "Economic Growth in a Across-section of Countries", Quarterly Journal of Economics, Vol. 106 (2): 407 – 444.

［111］ Barro, R. J. , J. -W. Lee, 2010, "A New Data Set of Educational Attainment in the World, 1950 – 2010", NBER Working Paper, No. 15902.

［112］ Barro, R. J. , X. Sala-i-Martin, 1995, "Economic Growth", New York: McGraw-Hill.

［113］ Barro, R. J. , X. Sala-I-Martin, 1997, "Technological Diffusion, Convergence, and Growth", Journal of Economic Growth, Vol. 2 (1): 1 – 26.

［114］ Barro, R. J. , X. Sala-i-Martin, 1992, "Convergence", Journal of Political Economy, Vol. 100 (2): 223 – 251.

［115］ Baumol, W. J. , 1986, "Productivity Growth, Convergence and Welfare: What the Long-run Data Show", American Economic Review, Vol. 76 (5): 1072 – 1085.

［116］ Becher, R. A. , 2011, "Local Environmental Regulation and Plant-level Productivity", Ecological Economics, Vol. 70 (12): 2516 – 2522.

［117］ Becker, G. , K. Murphy, 1992, "The Division of Labor, Coordination Costs, and Knowledge", Quarterly Journal of Economics, Vol. 107: 1137 – 1160.

［118］ Berman, E. , L. Bui, 2001, "Environmental Regulation and Productivity: Evidence from Oil Refineries", Review of Economics and Statistics, Vol. 83 (3): 498 – 510.

［119］ Bernard, A. , C. Jones, 1996, "Comparing Apples to Orange: Productivity Convergence and Measurement across Industries and Countries", American Economic Review, Vol. 86 (5): 1216 – 1238.

［120］ Bitzer, J., M. Kerekes, 2008, "Does Foreign Direct Investment Transfer Technology across Borders? New Evidence", Economics Letters, Vol. 100 (3): 355 – 358.

［121］ Blalock, G., P. J. Gertler, 2004, "Firm Capabilities and Technology Adopotion: Evidence from Foreign Direct Investment in Indonesia", aem. cornell. edu.

［122］ Bowlus, A. J., C. Robinson, 2012, "Human Capital Prices, Productivity and Growth," American Economic Review, Vol. 102 (7): 3483 – 3515.

［123］ Braconier, H., K. Ekholm, K. H. M. Knarvik, 2001, "In Search of FDI-transmitted R&D Spillovers: A Study Based on Swedish Data", Review of World Economics, Vol. 137 (4): 644 – 665.

［124］ Branstetter, L., 2006, "Is Foreign Direct Investment a Channel of Knowledge Spillovers? Evidence from Japan's FDI in the United States", Journal of International Economics, Vol. 68 (2): 325 – 344.

［125］ Brunnermeier, S. B., M. A. Cohen, 2003, "Determinants of Environmental Innovation in US Manufacturing Industries", Journal of Environmental Economics and Management, Vol. 45 (2): 278 – 293.

［126］ Cass, David, 1965, "Optimum Growth in an Aggregative Model of Capital Accumulation", Review of Economic Studies, Vol. 32: 233 – 240.

［127］ Caves, R. E., 1974, "Multinational Firms, Competition, and Productivity in Host-country Market", Economica New Series, Vol. 41 (162): 176 – 193.

［128］ Chen, P. C., M. M. Yu, C. C. Chang, S. H. Hsu, 2008, "Total Factor Productivity Growth in China's Agricultural Sector", China Economic Review, Vol. 19 (4): 580 – 593.

［129］ Chintrakarn, P., 2008, "Environmental Regulation and U. S. States' Technical Inefficiency", Economies Letters, Vol. 100 (3): 363 – 365.

［130］ Chowdhury, A., G. Mavrotas, 2006, "FDI and Growth: What Causes What?", The World Economy, Vol. 29 (1): 9 – 19.

［131］ Chung, Y. H., R. Fare, S. Grosskopf, 1997, "Productivity and Undesirable Outputs: A Directional Distance Function Approach", Journal of Environmental Management, Vol. 51 (3): 229 – 240.

[132] Coe, D. T. , E. Helpman, 1995, "International R&D Spillovers", European Economic Review, Vol. 39 (5): 859 – 887.

[133] Cole, M. A. , 2004, "Trade, the Pollution Haven Hypothesis and the Environmental Kuznets Curve: Examing the Linkages", Ecological Economics, Vol. 48 (1): 71 – 81.

[134] Copeland, B. R. , M. S. Taylor, 1994, "North-south Trade and the Environment", The Quarterly Journal of Economics, Vol. 109 (3): 755 – 787.

[135] Crespo, N. , I. Proenca, M. P. Fontoura, 2012, "The Spatial Dimension in FDI Spillovers: Evidence at the Regional Level from Portugal", Regional and Sectoral Economic Studies, Vol. 12 (1): 95 – 110.

[136] Dasgupta, P. , G. Heal, 1979, "Economic Theory and Exhaustible Resources", Cambridge, Cambridge University Press.

[137] Dean, J. M. , M. E. Lovely, H. Wang, 2009, "Are Foreign Investors Attracted to Weak Environmental Regulation? Evaluating the Evidence from China", Journal of Development Economics, Vol. 90 (1): 1 – 13.

[138] De Loecker, J. , 2007, "Do Exports Generate Higher Productivity? Evidence from Slovenia", Journal of International Economics, Vol. 73: 69 – 98.

[139] Denison, E. , 1985, "Trends in American Economic Growth, 1929 – 1982", Washington: Brookings Institution.

[140] Dinopoulos, E. , P. Thompson, 1998, "Schumpeterian Growth without Scale Effects", Journal of Economic Growth, Vol. 3 (4): 313 – 335.

[141] Djankov, S. , B. Hoekman, 2000, "Foreign Investment and Productivity Growth in Czech Enterprises", The World Bank Economic Review, Vol. 14 (1): 49 – 64.

[142] Domar, E. , 1946, "Capital Expansion, Rate of Growth, and Employment", Econometrica, Vol. 14: 137 – 147.

[143] Doytch, N. , and M. Uctum, 2011, "Does the Worldwide Shift of FDI

from Manufacturing to Services Accelerate Economic Growth: A GMM Estimation Study", Journal of International Money and Finance, Vol. 30 (3): 410 – 427.

[144] Driffield, N., J. H. Love, K. Tayor, 2009, "Productivity and Labor Demand Effects of Inward and Outward FDI on UK Industry", The Manchester School, Vol. 77 (2): 171 – 203.

[145] Du, L., A. Harrison, G. H. Jefferson, 2011, "Do Institutions Matter for FDI Spillovers? The Implications of China's 'Special Characteristics'", World Bank Policy Research Working Paper, No. 5757.

[146] Dunning, J. H., 1981, "Explaining the International Direct Investment Position of Countries: towards a Dynamic or Developmental Approach", Review of World Economics, Vol. 117 (1): 30 – 64.

[147] Engel, D., V. Procher, 2012, "Export, FDI and Firm Productivity", Applied Economics, Vol. 44 (15): 1931 – 1940.

[148] Eskeland, G. S., A. E. Harrison, 2003, "Moving to Greener Pastures? Multinationals and the Pollution Haven Hypothesis", Journal of Development Economics, Vol. 70 (1): 1 – 23.

[149] Evenson, R. E., L. E. Westphal., 1995, "Technological Change and Technology Strategy", in J. Behrman and T. N. Srinivasan (eds.), Handbook of Development Economics, Vol. 3, North-Holland, Amsterdam, Chapter 37, 2209 – 2299.

[150] Fare, R., S. Grosskopf, C. Pasurka, 2001, "Accounting for Air Pollution Emissions in Measuring State Manufacturing Productivity Growth", Journal of Regional Science, Vol. 41 (3): 381 – 409.

[151] Federico, S., E. Tosti, 2012, "Exporter and Importer of Services: Firm-Level Evidence on Italy", Temi di Discussione, Working Paper, No. 877.

[152] Fernandes, A. M., C. Paunov, 2012, "Foreign Direct Investment in Services and Manufacturing Productivity: Evidence for Chile", Journal of Development Economics, Vol. 97 (2): 305 – 321.

[153] Fox, J. T., V. Smeets, 2011, "Does Input Quality Drive Measured

Differences in Firm Productivity?", International Economic Review, Vol. 52 (4): 961 – 989.

[154] Francois, J. F. , 1990, "Trade in Producer Services and Returns Due to Specialization under Monopolistic", Canadian Journal of Economics, Vol. 23 (1): 109 – 124.

[155] Girma, S. , H. Görg, S. Eric, 2004, "Exports, International Investment, and Plant Performance: Evidence from A Non-Parametric Test", Economics Letters, Vol. 83 (3): 317 – 324.

[156] Globerman, S. , 2012, "Investing Abroad and Investing at Home: Complements or Substitutes?", Multinational Business Review, Vol. 20 (3): 217 – 230.

[157] Gorg, H. , D. Greenaway, 2004, "Much ado about Nothing? Do Domestic Firms Really Benefit from Foreign Direct Investment?", World Bank Research Observer, Vol. 19 (2): 171 – 197.

[158] Gradus, R. , S. Smulders, 1993, "The Trade-Off between Environmental Care and long-term Growth-Pollution in Three Prototype Growth Models", Journal of Economics, Vol, 58 (1): 25 – 51.

[159] Greenaway, D. , R. Kneller. , 2007, "Firm Heterogeneity, Exporting and Foreign Direct Investment: A Survey", The Economic Journal, Vol. 117 (517): 134 – 161.

[160] Grespi, G. , C. Criscuolo, J. Haskel. , 2006, "Productivity, Exporting and the Learning by Exporting Hypothesis: Direct Evidence from UK Firms", University of London Working Paper, No. 559.

[161] Grossman, G. M. , E. Helpman. , 1991, Innovation and Growth in the Global Economy, MIT Press, Cambridge MA.

[162] Guellec, D. , Bruno van Pottelsberghe de la Potterie, 2001, "R&D and Productivity Growth: Panel Data Analysis of 16 OECD Countries", OECD Economic Studies, No. 33: 103 – 126.

[163] Gu, Qing, Jane W. Lu. , 2011, "Effects of Inward Investment on Out-

ward Investment: The Venture Capital Industry Worldwide 1985 – 2007", Journal of International Business Studies, 42: 263 – 284.

[164] Hagemejer, J., M. Kolasa, 2011, "Internationalisation and Economic Performance of Enterprises: Evidence from Polish Firm-Level Data", The World Economy, Vol. 34 (1): 74 – 100.

[165] Hailu, A., T. S. Veeman, 2000, "Environmentally Sensitive Productivity Analysis of the Canadian Pulp and Paper Industry, 1959 – 1994: An Input Distance Function Approach", Journal of Environmental Economics and Management, Vol. 40 (3): 251 – 274.

[166] Hale, G., C. Long, 2006, "What Determines Technological Spillovers of Foreign Direct Investment: Evidence from China", Economic Growth Center Yale University, Center Discussion Paper No. 934.

[167] Hall, R., C. Jones, 1999, "Why do Some Countries Produce So Much More Output than Others?", The Quarterly Journal of Economics, Vol. 114 (1): 83 – 116.

[168] Hamamoto, M., 2006, "Environmental Regulation and the Productivity of Japanese Manufacturing Industries", Resource and Energy Economics, Vol. 28 (4): 299 – 312.

[169] Harberger, A., 1978, "Perspective on Capital and Technology in Less Developed Countries, In Artis, M. J. and A. R. Nobay (eds.)", Contemporary Economic Analysis, London: Croom Helm, 69 – 151.

[170] Harris, R., C. Robinson, 2004, "Productivity Impacts and Spillovers from Foreign Ownership in the United Kingdom", National Institute Economic Review, Vol. 187 (1): 59 – 75.

[171] Harrod, R., 1939, "An Essay in Dynamic Theory", Economic Journal, Vol. 49: 14 – 33.

[172] Hart, S. L., G. Ahuja, 1996, "Does it Pay to Be Green? An Emipirical Examination of the Relationship Between Emission Reduction and Firm Performance", Business Strategy and the Environment, Vol. 5 (1): 30 – 37.

［173］He，J.，2006，"Pollution Haven Hypothesis and Environmental Impacts of Foreign Direct Investment: The Case of Industrial Emission of Sulfur Dioxide in Chinese Provinces"，Ecological Economics，Vol. 60（1）：228 – 245.

［174］Helpman，E.，M. J. Melitz，S. R. Yeaple，2004，"Export Versus FDI with Heterogeneous Firms"，American Economic Review，Vol. 94（1）：300 – 316.

［175］Herzer，D.，2011，"The Long-Run Relationship between Outward FDI and Total Factor Productivity: Evidence for Developing Countries"，The Journal of Development Studies，Vol. 47（5）：767 – 785.

［176］Herzer，D.，2012，"How Does Foreign Direct Investment Really Affect Developing Countries' Growth?"，Review of International Economics，Vol. 20（2）：396 – 414.

［177］Hoekman，B.，2006，"Liberalizing Trade in Services: A Survey"，World Bank Policy Research Working Paper，No. 4030.

［178］Hoekman，B.，A. Mattoo，2012，"Services Trade and Growth"，International Journal of Services Technology and Management，Vol. 17（2 – 4）：232 – 250.

［179］Hsieh，Chang-Tai，R. Ossa，2011，"A Global View of Productivity Growth in China"，NBER Working Paper，No. 16778.

［180］Hu，Zuliu F.，M. S. Khan，1997，"Why Is China Growing So Fast?"，IMF Staff Papers，Vol. 44（1）：103 – 131.

［181］Islam，N，1995，"Growth Empirics: A Panel Data Approach"，Quarterly Journal of Economics，Vol. 110（4）：1127 – 1170.

［182］Jaffe，A. B.，K. Palmer，1997，"Environmental Regulation and Innovation: A Panel Data Study"，Review of Economics and Statistics，Vol. 79（4）：610 – 619.

［183］Javorcik，S. B.，2004，"Does Foreign Direct Investment Increase the Producticity of Domestic Firms? In Search of Spillovers through Backward Linkages"，American Economic Review，Vol. 94（3）：605 – 627.

［184］Jensen，J.，T. Rutherford，D. Tarr，2007，"The Impact of Liberalizing

Barriers to Foreign Direct Investment in Services: The Case of Russian Accessions to the World Trade Organization", Review of Development Economics, Vol. 11 (3): 482 – 506.

[185] Jeon, B. M. , R. C. Sickles, 2004, "The Role of Environmental Factors in Growth Accounting", Journal of Applied Economet rics, Vol. 19 (5): 567 – 591.

[186] Keeller, E. , M. Spence, R. Zeckhauser, 1972, "The Optimal Control of Pollution", Journal of Economic Theory, Vol. 5 (1): 19 – 34.

[187] Kelle, M. , K. Jörn, R. Horst, T. Farid, 2012, "Cross-Border and Foreign-Affiliate Sales of Services: Evidence from German Micro-data", Kiel Working Paper, No. 1771.

[188] Kogut, B. , S. J. Chang, 1991, "Technological Capabilities and Japanese Foreign Direct Investment in the United States", Review of Economics and Statistics, Vol. 73 (3): 401 – 413.

[189] Kokko, A. , 1992, "Foreign Direct Investment, Host-Country Characteristics and Spillovers", The Economic Research Institute, Stockholm.

[190] Konan, D. E. , K. Maskus, 2006, "Quantifying the Impact of Services Liberalization in A Developing country", Journal of Development Economics, Vol. 81 (1): 142 – 162.

[191] Koopmans Tjalling, C. , 1965, "On the Concept of Optimal Economic Growth" [M], Amsterdam: North-Holland.

[192] Krugman, P. , 1994, "The myth of Asia's miracle", Foreign Affairs, Vol. 73 (6): 62 – 78.

[193] Kugler, M. , 2006, "Spillovers from Foreign Direct Investment: Within or Between Industries?", Journal of Development Economics, Vol. 80 (2): 444 – 477.

[194] Kumar, S. , 2006, "Environmentally Sensitive Productivity Growth: A Global Analysis Using Malmquist-Luenberger Index", Ecological Economics, Vol. 56 (2): 280 – 293.

[195] Kuznets, S. , 1955, "Economic Growth and Income Equality", Amer-

ican Economic Review, Vol. 45 (1): 1 – 28.

[196] Lanoie, P. , M. Patry, R. Lajeunesse, 2008, "Environmental Regula-tion and Productivity: New Findings on the Porter Hypothesis", Journal of Produc-tivity Analysis, Vol. 30 (2): 121 – 128.

[197] Lee, J. -W. , K. Hong, 2012, "Economic Growth in Asia: Determi-nants and Prospects", Japan and the World Economy, Article in Press.

[198] Letchumanan, R. , F. Kodama, 2000, "Reconciling the Conflict Be-tween the 'Pollution-haven' hypothesis and an emerging trajectory of international technology transfer", Research Policy, Vol. 29 (1): 59 – 79.

[199] Levinsohn, J. , A. Petrin, 2003, "Estimating Production Functions U-sing Inputs to Control Unobservables", Review of Economic Studies, Vol. 70 (2): 317 – 341.

[200] Lichtenberg, F. , B. van Pottelsberghe de la Potterie, 1998, "Interna-tional R&D Spillovers: A Comment", European Economic Review, Vol. 39 (8): 1483 – 1491.

[201] Li, K. W. , T. Liu, 2011, "Economic and Productivity Growth De-composition: An Application to Post-Reform China", Economic Modelling, Vol. 28 (1 – 2): 366 – 373.

[202] Liu, Y. , C. R. Shumway, R. Rosenman, V. E. Ball, 2011, "Produc-tivity Growth and Convergence in US Agriculture: New Co-integration Panel Data Results", Applied Economics, Vol. 43 (1): 91 – 102.

[203] Lopez, R. , 1994, "The Environment as a Factor of Production: The Effects of Economic Growth and Trade Liberalization", Journal of Environmental Economics and Management, Vol. 27 (2): 163 – 184.

[204] Lucas Robert E. Jr. , 1988, "On the Mechanics of Economic Develop-ment", Journal of Monetary Economics, Vol. 22 (1): 3 – 42.

[205] MacDougall G. D. A. , 1960, "The Benefits and Costs of Private In-vestment from Abroad: A Theoretical Approach", Bulletin of the Oxford University Institute of Economics & Statistics, Vol. 22 (3): 189 – 211.

［206］ Maddison, A., 1998, Chinese Economic Performance in the Long Run, Paris: OECD Development Centre.

［207］ Managi, S., J. Opaluch, D. Jin, and T. Grigalunas, 2005, "Environmental Regulations and Technological Change in the Offshore Oil and Gas Industry", Land Economics, Vol. 81 (2): 303 – 319.

［208］ Mankiw, N. G., D. Romer, D. N. Weil, 1992, "A Contribution to the Empirics of Economic Growth", The Quarterly Journal of Economics, Vol. 107 (2): 407 – 437.

［209］ Markusen, J., T. F. Rutherford, D. Tarr, 2005, "Trade and Direct Investment in Producer Services and the Domestic Market for Expertise", Canadian Journal of Economics, Vol. 38 (3): 758 – 777.

［210］ Marrewijk, C. V., J. Stibora, A. D. Vaal, J. M. Viaene, 1997, "Producer Services, Comparative Advantage, and International Trade Patterns", Journal of International Economics, Vol. 42 (1 – 2): 195 – 220.

［211］ Matthews, K., N. Zhang, 2010, "Bank Productivity in China 1997 – 2007: Measurement and Convergence", China Economic Review, Vol. 21 (4): 617 – 628.

［212］ Melitz, M. J., 2003, "The Impact of Trade on Intra-Industry Reallocations and Aggregate Industry Productivity", Econometrica, Vol. 71 (6): 1695 – 1725.

［213］ Merlevede, B., K. Schoors, 2007, "On the Speed of Economic Reform-A Tale of the Tortoise and the Hare: Evidence from Transition Countries", Journal of Economic Policy Reform, Vol. 10 (1): 29 – 50.

［214］ Miller, S. M., M. P. Upadhyay, 2002, "Total Factor Productivity and the Manufacturing Sectors in Industrialized and Developing Countries", Energy Policy, Vol. 29: 769 – 775.

［215］ Mirodout, S., 2006, "The Linkages between Open Services Markets and Technology Transfer", OECD Trade Policy Working Paper, No. 17143.

［216］ Mohnen P., 2001, "International R&D Spillovers and Economic Growth, Information Technology, Productivity, and Economic Growth: International evidence," Oxford University Press.

［217］Morand, O. , 1999, "Endogenous Fertility, Income Distribution, and Growth", Journal of Economic Growth, Vol. 4（3）: 331 – 349.

［218］Neumayer, E. , 2003, "Pollution Havens: Why be Afraid of International Capital Mobility?", London School of Economics and Political Science, London, UK. Mimeo.

［219］North, D. , 1990, "Institutions, Institutional Change, and Economic Performance"［M］, New York: Cambridge University Press.

［220］Ozawa, T. , 1992, "Foreign Direct Investment and Economic Development", Transnational Corporation, Vol. 1（1）: 27 – 54.

［221］Panayotou, T. , 1993, "Empirical Tests and Policy Analysis of Environmental Degradation at Different Stages of Economic Development", ILO Technology and Employment Programme Working Paper, WP238（Geneva）.

［222］Peneder, M. , 2003, "Structural Change and Aggregate Growth', Structural Change and Economic Dynamics, Vol. 14（4）: 427 – 448.

［223］Pietrovito, F. , A. F. Pozzolo, L. Salvatici, 2012, "Exports vs. Foreign Direct Investment: Evidence from Cross-Country Industry Data", SEGeS Economics & Statistics Discussion Paper, No. 064/12.

［224］Rezitis, A. N. , 2010, "Agricultural Productivity and Convergence: Europe and the United States", Applied Economics Letters, Vol. 42（8）: 1029 – 1044.

［225］Rivera-Batiz, F. L. , and L. A. Rivera-Batiz, 1992, "Europe 1992, and the Liberalization of Direct Investment Flows: Services versus Manufacturing", International Economic Journal, Vol. 6（1）: 45 – 57.

［226］River-Batiz, F, L. , P. Romer, 1991, "Economic Integration and Endogenous Growth", Quarterly Journal of Economics, Vol. 106: 531 – 555.

［227］Romer, P. M. , 1986. "Increasing Returns and Long-run Growth", Journal of Political Economy, Vol. 94（5）: 1002 – 1037.

［228］Sasaki, H. , Y. Koga. , 2005, "Trade Pattern in Japan's Machinery Sector", Bank of Japan Working Paper, No. 05-E-15.

［229］Schoors, K. , B. van der Tol, 2002, "Foreign Direct Investment Spillovers Within and Between Sectors: Evidence from Hungarian Data", Working Papers of Faculty of Economics and Business Administration, No. 02/157, Ghent University.

［230］Selden, T. , D. Song, 1995, "Neoclassical Growth, the J Curve for Abatement, and the Inverted U Curve for Pollution", Journal of Environmental Economics and Management, Vol. 29（2）: 162 – 168.

［231］Smarzynska, B. K. , S. J. Wei, 2001, "Pollution Havens and Foreign Direct Investment: Dirty Secret or Popular Myth?", NBER Working Paper, No. 8465.

［232］Solow, R. W. , 1956, "A Contribution to the Theory of Economic Growth", Quarterly Journal of Economics, Vol. 70（1）: 65 – 94.

［233］Solow, R. W. , 1957, "Technical Change and the Aggregate Production Function", Review of Economics and the Statistics, Vol. 39（3）: 312 – 320.

［234］Stare, M. , 2011, "Advancing the Development of Producer Services in Slovenia with Foreign Direct Investment", The Service Industries Journal, Vol. 21（1）: 19 – 34.

［235］Stiglitz, J. , 1974, "Growth with Exhaustible Natural Resources: Efficient and Optimal Growth Paths", Review of Economic Studies, Vol. 41: 123 – 137.

［236］Stokey, N. , 1998, "Are There Limits to Growth?", International Economic Review, Vol. 39（1）: 1 – 31.

［237］Suyanto, S. , R. Salim, 2013, "Foreign Direct Investment Spillovers and Technical Efficiency in the Indonesian Pharmaceutical Sector: Firm Level Evidenc", Applied Economics, Vol. 45（3）: 383 – 395.

［238］Swan, T. W. , 1956, "Economic Growth and Capital Accumulation", Economic Record, Vol. 32: 334 – 361.

［239］Syverson, C. , 2011, "What Determines Productivity?", Journal of Economic Literature, Vol. 49（2）: 326 – 365.

［240］Thangavelu, S. M. , S. S. Pattnayak, 2011, "Linkages and technology spillovers in the presence of foreign firms: Evidence from the Indian pharmaceutical industry", Journal of Economic Studies, Vol. 38 (3): 275 – 286.

[241] Van Biesebroeck, J., 2006, "Exporting Raises Productivity in Sub-Saharan African Manufacturing Firms", Journal of International Economics, Vol. 67 (2): 373 – 391.

[242] Vandenbussche, J., P. Aghion, C. Meghir, 2006, "Growth, Distance to Frontier and Composition of Human Capital", Journal of Economic Growth, Vol. 11 (2): 97 – 127.

[243] van der Marel, E., 2012, "Trade in Services and TFP: the Role of Regulation", World Economy, Vol. 35 (11): 1530 – 1558.

[244] van Pottelsberghe de la Potterie B., F. Lichtenberg, 2001, "Does Foreign Direct Investment Transfer Technology Across Borders?", Review of Economics and Statistics, Vol. 83 (3): 490 – 497.

[245] Verma, R., 2012, "Can Total Factor Productivity Explain Value Added Growth in Services?", Journal of Development Economics, Vol. 99 (1): 163 – 177.

[246] Wakasugi, R., A. Tanaka, 2009, "Firm Heterogeneity and Different Modes of Internationalization: Evidence from Japanese Firms", KIER Working Papers, No. 681.

[247] Walley, N., B. Whitehead, 1994, "It's not Easy Being Green", Harvard Business Review, Vol. 72: 46 – 52.

[248] Wooldridge, J. M., 2009, Introductory Econometrics: A Modern Approach, South-Western Cengage Learning.

[249] Wu, Y. R., 2003, "Has Productivity Contributed to China's Growth?", Pacific Economic Review, Vol. 8 (1): 15 – 30.

[250] Wu, Y. R., 2009, "China's Capital Stock Series by Region and Sector", Business School, University of Western Australia, Discussion Paper, No. 0902.

[251] Yang, C., Y. Tseng, C. Chen, 2011, "Environmental Regulations, Induced R&D, and Productivity: Evidence from Taiwan's Manufacturing Industries", Resource and Energy Economics, Vol. 34 (4): 514 – 532.

［252］Yoruk, B. , O. Zaim, 2005, "Productivity Growth in OECD Countries: A Comparison with Malmquist Indices", Journal of Comparative Economics, Vol. 33 (2): 401 – 420.

［253］Young, A. , 2003, "Gold into Base Metals Productivity Growth in the People's Republic of China during the Reform Period", Journal of Political Economy, Vol. 111 (6): 1220 – 1261.

［254］Yu, M. M. , S. H. Hsu, C. C. Chang, D. H. Lee, 2008, "Productivity Growth of Taiwan's Major Domestic Airports in the Presence of Aircraft Noise", Transportation Research Part E: Logistics and Transportation Review, Vol. 44 (3): 543 – 554.

［255］Zhang, J. , 2008, "Estimation of China's Provincial Capital Stock (1952 – 2004) with Applications", Journal of Chinese Economic and Business Studies, Vol. 6 (2): 177 – 196.

［256］Zhao, W. , L. Liu, T. Zhao, 2010, "The Contribution of Outward Direct Investment to Productivity Changes within China, 1991 – 2007", Journal of International Management, Vol. 16 (2): 121 – 130.

［257］Zheng, J. H. , A. Bigsten, A. G. Hu, 2009, "Can China's Growth be Sustained? A Productivity Perspective", World Development, Vol. 37 (4): 874 – 888.

［258］Zukowska-Gagelmann, K. , 2001, "Productivity Spillovers from Foreign Direct Investment in Poland", Economic Systems, Vol. 24 (3).